図書館を変える広報力

Webサイトを活用した情報発信実践マニュアル

田中 均 著

日外アソシエーツ

装丁：赤田 麻衣子

はじめに

　今、図書館では広報活動の充実が望まれています。

　その理由は、一つには広報が戦後長きにわたって「お知らせ広報」に限定して機能していたことが挙げられます。ことに、公共図書館では行政広報そのものが「お知らせ広報」に偏っていたため、その傾向が強く出ていました。これを是正していくことが必要です。

　本質的な意味での広報とは「広報」と「広聴」の二つの側面からなっています。しかし、近年では次に挙げる二つの変化など複数の要因により図書館の広報は広聴を強化し、本質に立ち戻る必要に迫られています。

　その変化の一つは、ソーシャル・ネットワーキング・サービス（2-5）の隆盛です。ブログ、ツイッター、フェイスブックなど社会的なネットワークによるコミュニティがインターネット上に出現しました。人々は、ボーダーレス化したコミュニティで積極的に情報を収集し、積極的に発信しています。図書館もこの変化とは無縁ではありません。そこでは一個人が声を上げることが容易く、図書館の活動への要求も高まっていくことが予想されます。企業や団体ではすでに積極的にソーシャル・ネットワーキング・サービスを取り入れ戦略的広報を発信し、顧客や支持者を得るとともに透明性や情報開示性をアピールしています。図書館もこの部分の強化が不可欠です。

　二つめは、ファシリティマネージメント（5-1）との関係です。経済の低迷による税収や収入の低下、またバブル期に建設した施設が老朽化により更新期を迎えたことや震災対応が緊急の課題となったことなどにより、公共施設の適正な運営が求められるようになってきました。これに伴い、図書館でもその価値や必要性、サービスの実績をステークホルダー（2-1）に対して説明していかなければなりません。つまり図書館も「お知らせ広報」の域を超えた活動が強く求められているのです。

　本書は、図書館員を対象として書かれています。公共図書館について

の話題が多めですが、大学図書館、学校図書館、専門図書館など館種を問わずに図書館の現場で広報活動に携わっているすべての方に向けて分かりやすく解説しました。

　内容は、広報とステークホルダーに関して言及した第1部とインターネットの活用に関して言及した第2部からなります。第2部の後半は、インターネット上でのサービスの提供場所としてますます重要性が増しているWebサイトのユニバーサルデザインに関し、「ウェブコンテンツJIS」と「みんなの公共サイト運用モデル」にもとづいて解説しました。

　最後に日外アソシエーツ編集部の簡様には大変お世話になりました。また、図書館員の皆様には貴重なアドバイスをいただきました。この場を借りて御礼申し上げます。

　本書が、広報とインターネットのどちらであっても図書館員の皆様のお役に立つことができるなら幸いです。

2012年6月
田中 均

目　次

はじめに……………………………………………………………………… iii

序章　広報活動とWebサイトを重視する意味……………………………… 1

第1部　図書館広報の理論・実践

1章　図書館の広報とは何か　－最近の事例から－ ……………… 6
　事例1　「図書館からスタジアムへ行こう!!　スタジアムから
　　　　　図書館へ行こう!!」…………………………………………… 6
　事例2　埼玉県高校図書館フェスティバル ………………………… 9
　事例3　kumori ………………………………………………………… 12
　事例4　昭和女子大学図書館の事例 ………………………………… 15
　事例5　明日の県立図書館～三重県立図書館改革実行計画～ … 18

2章　広報の理論 ……………………………………………………… 21
　2-1　広報とは何か ……………………………………………… 21
　2-2　広報と広告・宣伝との違い ……………………………… 24
　2-3　「告知型広報」から「コミュニケーション型広報」へ…… 25
　2-4　広報戦略立案にむけて …………………………………… 26
　2-5　ソーシャル・ネットワーキング・サービスと広報 …… 26

3章　インターネット時代の広報活動 ……………………………… 29
　3-1　インターネットを利用した広報とは …………………… 29
　3-2　図書館で実施するにあたっての問題点 ………………… 32
　3-3　緩和されてきたサーバ機器、技術者の確保の問題 …… 39

4章　利用者へのPR …………………………………………………… 40
　4-1　公共図書館の広報 ………………………………………… 40
　4-2　館長の役割 ………………………………………………… 41

- 4-3　対象者のカテゴライズ ………………………………… 42
- 4-4　コミュニティのハブとなる利用者 …………………… 44

5章　社会・行政への働きかけ ……………………………………… 47
- 5-1　公共施設とファシリティマネージメント …………… 47
- 5-2　図書館と社会・行政への働きかけ …………………… 51
- 5-3　生涯学習機関としての図書館広報 …………………… 52
- 5-4　マスコミへのアピール ………………………………… 53

6章　各種ツールの紹介と事例 ……………………………………… 57
- 6-1　館内の掲示物・スペース ……………………………… 57
- 6-2　Webサイトの活用 ……………………………………… 59
- 6-3　メールによる広報 ……………………………………… 60
- 6-4　ブログ、ツイッター、フェイスブックなど新しいツールの活用 … 68
- 6-5　電子書籍の貸出など新しいサービス ………………… 72

第2部　図書館Webサイトの構築

7章　Webサイト作成の実際 ………………………………………… 76
- 7-1　Webページの仕組みと作り方 ………………………… 76
- 7-2　HTMLとCSS …………………………………………… 81
- 7-3　作成のワークフロー …………………………………… 84
- 7-4　作成のスタッフ構成と役割分担 ……………………… 89
- 7-5　Webデザインの基本姿勢と三つの特色 ……………… 91
- 7-6　公開後の管理と更新 …………………………………… 92

8章　Webサイトのユニバーサルデザイン ………………………… 98
- 8-1　Webユニバーサルデザインとは何か ………………… 98
- 8-2　アクセシビリティとは何か …………………………… 99
- 8-3　ユーザビリティとは何か ……………………………… 102
- 8-4　アクセシビリティとユーザビリティの関係 ………… 104

9章　アクセシビリティ向上のための具体的方法 …………… 107
　9-1　ウェブコンテンツJIS X8341-3:2010 ……………… 107
　9-2　ウェブコンテンツJIS X8341-3:2010のポイント ……… 112

10章　ユーザビリティ向上のための具体的方法 …………… 117
　10-1　基本的な考え方 ……………………………… 117
　10-2　具体的なポイント …………………………… 118

11章　図書館Webデザインのポイントとコンテンツ………… 125
　11-1　デザインの基本の確認 ……………………… 125
　11-2　ナビゲーションとレイアウトの基礎 ………… 130
　11-3　総務省「みんなの公共サイト運用モデル」…… 137
　11-4　他の自治体Webサイトとの違いを理解する …… 140
　11-5　一般的なコンテンツ ………………………… 141
　11-6　Webサイトの構成要素の確認 ………………… 142

12章　図書館Webサイト向けのチェックツールとチェックシート … 147
　12-1　Webサイトの効果測定と評価 ………………… 147
　12-2　Webマーケティング解析の用語解説 ………… 152
　12-3　Webサイトの各種チェックツールの紹介 …… 159
　12-4　簡便なWebサイトチェックシートの活用 …… 161
　12-5　図書館向けのWebサイトチェックシート …… 163

13章　まとめ ……………………………………………… 165

14章　巻末資料 …………………………………………… 167

おわりに…………………………………………………… 193

索引 ……………………………………………………… 195

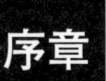# 広報活動とWebサイトを重視する意味

　はじめに、この本で学んでいただきたいこと、図書館での日常の業務に役立てていただきたいことを、私がこの本を執筆した契機から述べます。

　私は大学図書館で司書として、閲覧参考係などで利用者サービスと図書館のIT化に携わりました。大学の教員となってからは、研究、教育の傍ら、各地の図書館の研修に招かれ「図書館広報、Webサイトの構築」講師を務めました。

　2010年の島根県公共図書館職員専門研修に講師として呼ばれ、「Webによる図書館広報—最近のWeb動向を中心に—」と題して研修を行った事があります。

　研修の内容は、午前中が最近のWebの動向とWebユニバーサルデザインの講義。午後が実習形式で3〜4人のグループに分かれ、自館などのWebサイトの評価、グループごとの簡単な発表でした。

　参加者の皆様に大変な熱意を持って取り組んでいただけたため、限られた時間のなかで、充実した研修となりました。

　その際に書いていただいたアンケートよりいくつか取り上げてみます。

　「放置しがちというか、あまり手が行き届かないところなので、改善点や、必要点が分かって良かった」「グループでのホームページチェックは、自館のものも参考にしつつ、また違った視点で見直すことができた」「ホームページの作成・更新について、利用者のことを考えていきたい」「普段あまり意識して見ることのなかった他館のHPを見ることができて良かった」などです。

　日常の業務を忙しくこなしていると、自分の業務内容ややり方を振り

返る機会は、そうそうあるものではありません。特にWebサイトの場合は、いったん作成したものに更新を繰り返しつつ、長く利用していきます。「すぐにこの件をアップしなくては」と新しい情報やページを付け加えていくことの連続です。更新を繰り返した結果、Webサイトの構造やデザインがいつしか使いにくくなっているかもしれません。

そもそも作成した際に利用者の視点を考慮していたでしょうか。マニュアル本を片手にWeb作成ソフトのテンプレートの通りに作ったり、あるいはWeb作成業者に資料をわたして丸投げしたりしてはいなかったでしょうか。出来上がったサイトのチェックは十分に行っていたでしょうか。

どんな点をチェックしたら良いのか、どのような基準にあれば良いのか、他館はどうしているのか、そもそも自館の利用者は何を望んでいて、何に不満を感じているのか。さまざまなことがよく分からないまま、スケジュールに追われ、それでも頑張っている図書館員の方たちの声を切実に感じました。

折からWebサイトに関わる日本工業規格 JIS X 8341-3 や総務省の「みんなの公共サイト運用モデル」が改正されたこともあり、この本の企画を提案いたしました。章としては後半の7章から12章にあたります。

その後、なぜ積極的な発信が必要なのか、お知らせやニュースだけに止めておいた方が良いのではないかなど、図書館広報について理解の不足や疑問、不安があるため、情報発信が自信を持って行えないという意見を受け、広報の理論についての概説を前半に、またWebの最新の技術や流行とブログ、ツイッター、フェイスブックなどのソーシャル・ネットワーキング・サービス[注1]のツールの解説を中頃に取り入れて、この本の構成としています。

この本は、次のような読者を想定しています。

図書館員が、図書館の広報活動について一から学び直すために。広報の担当者が、これまでの広報のやり方を確認し改善するために。これまでお知らせ広報に偏っていた図書館の職員が、広聴活動に着手するため

序章　広報活動とWebサイトを重視する意味

に。ソーシャル・ネットワーキング・サービスを広報に活用し、情報発信と受信に役立てるために。上部組織や関連機関に対して、図書館の存在意義を知らしめる活動の参考にするために。

　また、これから図書館のWebサイトを作成する担当者が、どこに重点を置いて作業を進めるべきなのかを学ぶために。すでに管理・運営し日常的に更新作業を行っている担当者が、Webサイトをもっと使いやすく改善していくために。もうすぐWebサイトのリプレースを予定している担当者が、現状を把握して役立てるためや、Web作成業者に外注する際の仕様書の参考にするために。そして、これからWebサイトの担当者となる初心者のために。

　以上の方々を含む広報活動とWebサイトを担当するすべての図書館員が、自らの知識を整理・確認し、日常の業務に役立てられるように、また、必要なときに手にとって見直すことができる参考書となることを本書の目的としています。

　この本の構成として、1章から6章を広報理論の概説とソーシャル・ネットワーキング・サービスやファシリティマネージメントなどの図書館を取り巻く新しい動き、ブログ、ツイッター、フェイスブックなど新しいツールについての解説にあてています。概説部分は教科書的な内容となっていますが、実務の前の一通りの復習と考えてください。

　7章から12章では、Webサイトのユニバーサルデザインについて「ウェブコンテンツJIS」と「みんなの公共サイト運用モデル」にもとづいて解説しました。レベル的に広く多くの読者を対象としていることと、非常に多くの事柄・ポイントが関わるため、簡単な話から効果測定などの専門的な話までが混在しています。ご自分の知識・経験に合わせてお読みいただき、経験に応じて再度読み返していただけると大変にうれしく思います。

注1）　インターネット上で社会的なネットワークを実現するサービス。代表的なサービスとしては、Facebook（フェイスブック）やmixi（ミクシィ）、GREE（グリー）、Mobage（モバゲー）などがある

3

第1部

図書館広報の理論・実践

第1部　図書館広報の理論・実践

 # 図書館の広報とは何か
－最近の事例から－

　広報では、明確な目標と手段の元に計画を立てて実行し、活動後にはその効果を検証して、次にフィードバックしていく必要があります。では、図書館では最近どのような取り組みがなされているのでしょうか？事例をいくつか選んで紹介します。

事例1　「図書館からスタジアムへ行こう!!　スタジアムから図書館へ行こう!!」

1）企画内容

　2010年秋に公共図書館とJリーグクラブなどの同時キャンペーン事業「図書館からスタジアムへ行こう!!　スタジアムから図書館へ行こう!!」が行われました。

　このイベントは、有志の公共図書館が結成した「図書館海援隊」の参加館が中心となって提案・企画したもので、クラブチーム（Jリーグ、JFL、社会人リーグ、なでしこリーグなどに所属するチーム）に関する刊行物の図書館でのアーカイブ、特別展示の開催、常設コーナーの設置、選手・マスコットのイベントへの参加、他地域の図書館との交換展示などを、クラブチームなどの所在する周辺地域で開催しました。

　2010年の読書週間（10月27日から12月）を中心とした時期に行われ、それぞれの図書館によって実施する企画と時期は異なりました。

　目的は「住民にスポーツと読書の楽しさや、Jリーグを中心としたサッカーのクラブチームと公共図書館の存在意義についての理解を深める事業を実施することにより、地域活性化につなげること[注2]。」です。

2）広報手法

　Jリーグクラブチームとの連携事業は、以前から鳥取県立図書館、潮

6

1章　図書館の広報とは何か－最近の事例から－

来市立図書館、愛媛県立図書館、川崎市立図書館など全国各地でプロスポーツの地域密着型活動とこれと連携した地域活性化方策の一環として行われてきていました。

　例えば愛媛県立図書館は、プロ野球・四国アイランドリーグplusの「愛媛マンダリンパイレーツ」と、プロサッカー・Jリーグの「愛媛FC」の資料を収集して、その活動を紹介するコーナー「愛媛プロスポーツアーカイブズ」を2010年7月に開設しています。

　鳥取県立図書館と協力館では、2010年の読書週間に「ガイナーレ鳥取」と連携して「『ガイナーレ鳥取と一緒に本を読もう!!』キャンペーン」を鳥取県立図書館、倉吉市立図書館、岩美町立図書館、八頭町立郡家図書館、琴浦町図書館、日南町図書館、すべての県立高校図書館、倉吉北高校図書館、県庁内図書室で開催しています。

図1-1-1　キックオフ！"読書のまち　かわさき"

注2）報道資料『図書館が、クラブチームがつながる「図書館からスタジアムへ行こう!!スタジアムから図書館へ行こう!!」全国同時キャンペーン事業実施について取組例等』文部科学省生涯学習政策局社会教育課　2010年11月15日（http://www.mext.go.jp/b_menu/houdou/22/11/__icsFiles/afieldfile/2010/11/19/1299313_01_1.pdf）（参照　2012年2月28日）

2010年8月に潮来市立図書館と川崎市立高津図書館では、お互いの地域の観光PRコーナーをそれぞれの図書館で交換して開催しました。普通の観光PRに加えて「鹿島アントラーズ選手おすすめ本紹介&おはなし会」や「川崎フロンターレと本を読もう!」などの、Jリーグクラブ連携事業も紹介されています。

上記以外にも各地でさまざまな企画が開かれていますし、またサッカー以外のスポーツクラブと図書館の協力事業や、スポーツ以外の「地域のゆるキャラ」や「ローカルヒーロー」との共同イベントもあります。

3）効果

これまで、どちらかと言えば図書館は「場所を提供」し、そのかわりに来場者などに図書館を「知ってもらう」「ついでに寄ってもらう」程度の効果を期待していたように思います。

しかし、「川崎フロンターレと本を読もう!」事業の選手やマスコットキャラクターの「おすすめの本」などは、小冊子やWebサイトなどで図書館という場を離れて、読書の魅力を知ってもらうことが出来ます。

また、愛媛県立図書館の愛媛プロスポーツアーカイブズでは「書店などで一般に流通している図書だけでなく、マッチデープログラムや選手名鑑のような流通していない刊行物の収集に重点を置いており、その意味から『アーカイブズ』と命名した[注3]。」など、資料収集という図書館の特性を生かした以前より主体的な活動を展開しています。各クラブチームですら持っていない資料を図書館に行けば見ることが出来るというのは熱狂的なファンでなくとも大きな魅力となるでしょう。

ゆるキャラやローカルヒーローであれば、各団体やファンクラブと協力して、架空の由来や歴史の設定を加えた紹介コーナーを設営するなど、それぞれの地域によって、さまざまな展開が可能です。

注3）報道資料　愛媛プロスポーツアーカイブズ　三重・四国4県立図書館合同企画展示「図書館からスタジアムへ行こう!!スタジアムから図書館へ行こう!!～四国アイランドリーグplus開幕!～」愛媛県立図書館　2011年3月25日（http://www.ehimetosyokan.jp/contents/prosports/SIL.htm）

1章　図書館の広報とは何か－最近の事例から－

事例2　埼玉県高校図書館フェスティバル

1）企画内容

　「埼玉県の高校図書館には専任・専門・正規の形で「司書」が配置されていますが、ここ10年以上採用試験が行われていません。このフェスティバルは、学校司書の必要性と「人」のいる高校図書館の楽しさを感じていただくために企画しました。多くの方のご来場をお待ちしています！」

（埼玉県高校図書館フェスティバルWebサイトより）

　埼玉県高校図書館フェスティバルは、埼玉県内の高校の学校司書有志が実行委員会を組織して2010年より行っている活動です。その目的は、フェスティバルの開催を元に、県内の高校の司書が置かれている現状と今後の新規採用について、幅広い層に対して理解と賛同を得ようとする、斬新で大変に効果的な広報活動です。フェスティバルには、県内の関係者や報道関係者を招待し、ステークホルダー（利害関係者）に対する広報と報道機関に対するパブリシティの効果を狙っています。

図1-2-1　埼玉県高校図書館フェスティバルのポスター

9

第1部　図書館広報の理論・実践

　2011年の第13回図書館総合展のポスターセッションに参加されていた埼玉県立新座高等学校司書宮崎健太郎氏によれば、「ただ単に関係者に働きかけてもなかなか耳を傾けてもらえない。そこでこのような企画を考えた」とのことでした。確かに学生も参加するフェスティバルでは関係者も行かないわけにはいかなくなります。

2）広報手法
　活動は大きく「埼玉県高校図書館フェスティバル」と「県内高校司書が薦めるイチオシ本」の二つがあります。

1.埼玉県高校図書館フェスティバル
　2012年の「埼玉県高校図書館フェスティバル」は、2月26日（日）の13：30 ～ 16：30に、さいたま市民会館うらわ1階会議室を会場として行われました。その模様は、事前準備の段階からツイッターで、当日はリアルタイムにユーストリーム（USTREAM）で動画配信されたため、会場に行けなかった人にもその様子と盛況ぶりが伝わっていました。これまでに、以下のような企画が行われています。

2012年
- 基調報告「埼玉の高校司書が置かれている状況報告」
　これまでの埼玉の高校図書室における経過や埼玉の高校司書が置かれている状況について報告するとともに、私たちの会の目的について、実行委員長より報告いたします。
- シンポジウム「寸劇　ひと目でわかる　高校司書の一日」
　生徒や先生方とのやりとりなどを通し、高校に欠かせない存在である学校図書館と、そこで働く高校司書の様子を劇にて披露します。
- 「実践報告：授業で活きる学校図書館」
　実際に授業で活用されている学校図書館の様子を報告します。
- 「県内高校司書が薦める2011年イチオシ本」（Webサイトとツイッター上で発表）

2011年
- 基調報告「埼玉県高校司書の歩み」

- シンポジウム「利用者から見た高校図書館」
- 「埼玉県の高校図書館司書が選んだ　2010年イチオシ本！」(小冊子制作)
- パネル展示
    埼玉の司書の歩み
    司書の力を表すキャッチフレーズ集
    授業と図書館
    写真パネル・授業時に配布した資料など
    司書PRキャッチコピー集
    高校図書館の写真パネル
    Love図書館生徒メッセージ(高校生から高校図書館に寄せるメッセージ)

2．イチオシ本

「イチオシ本」とは、高校の学校司書による投票で選ばれた「おすすめの本」です。「イチオシ本」として、紹介されるほか、書店に協力を願い「イチオシ本フェア」を行っています。公共図書館ではパンフレットの配布の協力を得ています。

> 「県内高校司書が薦める2011年イチオシ本」(Webサイトとツイッター上で発表)
> 　イチオシ本とは、前年に発刊された本の中から埼玉県の高校司書が選んだ、高校生にぜひおすすめしたい！と熱く思う選りすぐりの本です。
> 　2010年版は『世界で一番美しい元素図鑑 THE Elements』(セオドア・グレイ著、創元社)が第1位に選ばれました。
> 　2011年版は2011年1月〜11月に出版された本の中から募集を行い、県内の高校司書57名より91タイトルの応募がありました。
> 　　　　　　　　(埼玉高校フェスティバルWebサイトより)

3）効果

これらの活動の成果について、フェスティバルの実行委員長を務める埼玉県立春日部東高校主任司書の木下通子氏は、「当初の目的であった

埼玉県採用試験再開に向けての問い合わせや反響などは教育委員会を始めとする県の組織から、未だに得られてはいない。しかし、2012年のフェスティバルには国会議員、県議会議員が4名来場し、活動に理解をしめし、これから議員として働きかけをしてくださると発言されています」と語っています。実行委員会としても、今回の来場を生かすべく積極的に情報発信を継続していきたいと考えているそうです。

　また、マスコミに取り上げられたことによって、司書のいない北海道の高校の司書教諭の先生が来校されるなど、同じ状況の学校どうしでの横の繋がりも広がっているようです。

　以上は、2012年2月にメールでの質問に返信いただいたものですが、その後4月27日の「平成24年度埼玉県職員採用試験」の公示では、免許資格職試験で司書の採用が復活し、9名の募集が行われることになりました。なお、配属先は県立の公共図書館や学校図書館などになります。地道な努力により得られた結果だと思います[注4]。

　イチオシ本による効果では、これまでの地域の書店との関係に加えて、出版関係者とのつながりが深くなり、フェスティバルへも来場し、児童生徒へ本をすすめる学校司書の力を実感してもらえたようだとのことです。宮崎氏は「現場と作り手がつながることは、とても素晴らしいこと」と述べています。

◆埼玉県高校図書館フェスティバル（http://shelf2011.net/）

事例3　kumori

1）企画内容

　読者（図書館利用者）参加型のしおり「kumori」は、本を読んだ読者が自分が読んだ本を大勢の他の人に紹介する「しおり」のツールです。Web上の参加型サービスにヒントを得て、読者と読者をつなぐ共同型サービスとして、提案者であり作者である渡辺ゆきのさんが、2009年より千葉・東京近辺の複数の公共図書館、学校図書館、大学図

注4）「積極果敢にチャレンジする埼玉県職員募集　平成24年度埼玉県職員採用試験の概要」（2012.4.27）　http://www.pref.saitama.lg.jp/news/page/news120427-13.html

1章　図書館の広報とは何か－最近の事例から－

書館で提供しています。

2）広報手法

「kumori」は、投稿者より次のような情報を受け作成します。

1. タイトル
2. 著者名
3. 出版社
4. 描いてほしいイメージ（任意）
5. 伝えたいメッセージ
6. 本の紹介文（150字程度）
7. 投稿者のニックネーム
8. 連絡先（Emailまたは電話番号）（任意、Web不掲載）
9. 職業・所属・年代等（任意）
10. 意見（任意、Web不掲載）

投稿は専用の投稿用紙、またはWebサイトの投稿フォームより受け付けています。

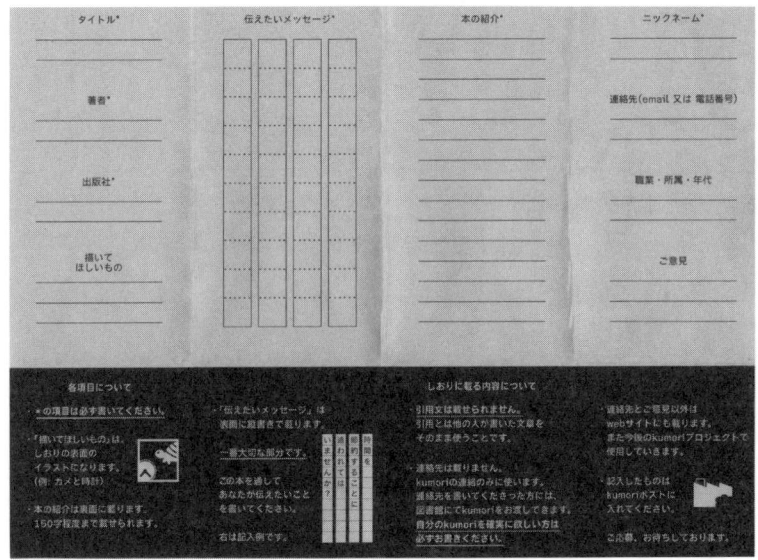

図1-3-1　kumori投稿用紙

13

第1部　図書館広報の理論・実践

図1-3-2　kumoriしおり

投稿を受けるとイメージや伝えたいメッセージ、紹介文に合わせてオリジナルのアイコンを作成して、タイトル、著者、紹介などを載せたしおりに仕上げて、各図書館に配ります。

3）効果

　本との出会いの提供と参加型サービスの実験を目的として行われていますが、投稿者から「本を通して自分と共感できる見知らぬ人へのメッセージ」を発信していて、読書の新しい喜びを見いだせているように思います。実際に投稿者相互の交流を望む声に応える形でWebサイトに各しおりの紹介ページとコメント欄、ツイッターを設置しています。

いくつかの図書館で行っている「利用者による書評」と同じ効果があると思われます。

利用者からは「kumoriにのっている他の人の感想を読んで、本を読みたくなった」「しおりとして愛用している。コレクションしている」「自分のkumoriを家族や友人にプレゼントしたい」などの感想が寄せられており、身近なものとしての親しみを持っている様子がうかがえます。

渡辺さんが実際に見聞きした具体的なエピソードを、以下に紹介します。

1．kumoriコーナーが待ち合わせ場所になっている

　千葉市中央図書館のkumoriコーナーの近くにて、小さいお子さんを連れたお父さんが、「しおりのところで待っていてね」とお子さんに声をかけ、女の子たちがkumoriコーナーにかけよってきてくれたことがありました。

2. 感想ノート（千葉大図書館）の書き込みから

オープンキャンパスに来た高校生の女の子が千葉大図書館のkumoriノート（ご意見ノート）に「kumori、すばらしいです！感動しました。この図書館が好きになりました」とコメントをくれました。その女の子が一年後またkumoriノートに「私は千葉大図書館のkumoriが好きです」と書き込みをしてくれました。

また、別の方が「最近では図書館に来るとまずkumoriコーナーをのぞくようになりました。いつもとても楽しみにしています」と書き込みをしてくれました。

kumoriが親しみを持って受け入れられていることは、kumoriを受け入れている図書館員からの「kumoriのある場所が利用者の安らぎの場所になっている」という感想にも表れているようです。kumoriのコーナーは、同じ読書好きの仲間を感じることのできる利用者にとって気持ちの良いスペースであるようです。

渡辺さん本人も「しおりに使えるようなクオリティの紙は高価で困ります」と語っており、商用化あるいは各図書館で独自に継続して行うには、多くの課題が残っているように思いますが、しかし、大変におもしろい試みだと思い、今後に期待します。

◆kumori（http://kumori.info/）

事例4　昭和女子大学図書館の事例

1）企画内容

大学図書館が柔軟に教養用図書を購入するようになって、しばらくたちます。以前は「大学図書館では研究向けの図書しか揃えていません」と公共図書館との違い、棲み分けを強調されたこともありましたが、最近では、驚くほどバラエティに富んだ図書を揃えているところもあるようです。その理由は「最寄りに公共図書館がない」「学生のリクエストに応えた」、そして「学生に読書習慣を形成するため」という声が聞かれます。

全国の多くの大学図書館で既に取り組んでいることと類似した内容に

第1部　図書館広報の理論・実践

なりますが、大学図書館では何が始まっているのかをお知らせする観点から昭和女子大学図書館の事例を取り上げます。

2）広報手法

　昭和女子大学図書館では、「自分で選んだ本が図書館に並ぶことで図書館をより身近に感じ、利用の幅を広げてもらいたい」と2008年5月に第1回学生選書ツアーを行いました。参加者は学生、教員、職員で、書店に行って、実際に手にとって内容を確認しながら選書し、その図書・雑誌は図書館の入り口すぐの「開架室特設コーナー」に展示されました（のちに一般書架に移動）。該当する図書・雑誌には識別用のシールも貼ってあり、見た目でも分かるようにしてあります。

　同時に選書ツアーで購入した本を対象に学生が自分が読んだ本をお互いに紹介し、交流するために「おすすめする本のポスター、書評、お手紙、感想メッセージ」を投稿する「みんなでよむよむフェスタ」を企画しました。こちらの投稿作品も特設コーナーで公開しました。

　本を読むだけでなく、書評や感想を書き、ビジュアルな作品に仕上げることで、自己表現につながっていったのではないでしょうか。両企画を通して、学生は読書仲間を得ることができ、少しずつ貸出も向上し始めます。

図1-4-1　昭和女子大学図書館 選書本コーナー

1章　図書館の広報とは何か−最近の事例から−

　国民読書年にあたる2010年には、新たに「図書館の本を読んでポップを書こう！」と「読書ラリー」を企画します。
　こちらの流れは、以下の通りです。
　　①本を借りて（自身で購入も可）読む
　　②図書館備え付けの専用用紙（ポップカード）に、感動、知識、満足感などについて、書評や感想、おすすめポイントを記入して図書館カウンターに提出
　　③提出時にスタンプカードにスタンプを受ける
　　　スタンプ10個でオリジナルグッズ（クリアファイル）が貰えます。

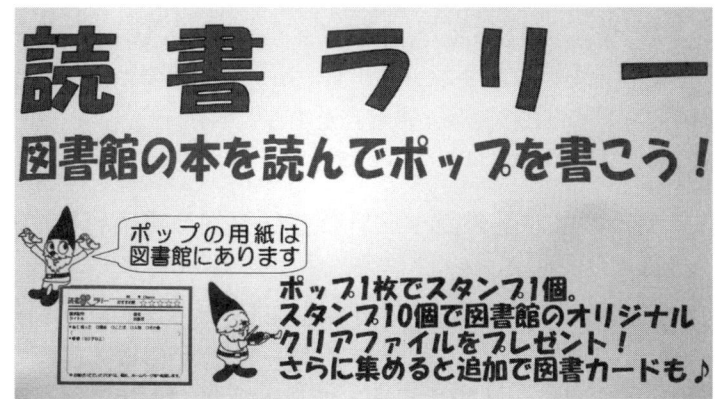

図1-4-2　昭和女子大学図書館 ポップカード

　受け付けたポップカードは対象の本が配架されている書架に貼り付けます。予想外のスピードで投稿が増えたこと、また小説に多数が集中したことから、一部の書架にはびっしりとポップカードが並ぶ状態になりました。一斉書架点検の作業中のような風景です。
　締め切り日の2011年12月までに1名（翌1月にさらに1名）の学生がスタンプ数通算100個（つまり100冊の図書を読んで感想などを書いた）に達したため、「図書館オリジナルTシャツデザイン」「みんなでよむよむフェスタ2011よむよむ大賞」とともに表彰式を行いました。

3）効果
　この間に入館者数、貸出数にも効果が現れ、全国平均を下回っていた

統計の数値もようやく平均を超えるところまで向上しました。企画そのものの効果もありますし、加えて大学祭などのイベントに限らず年間を通しての継続的な働きかけが学生の中に図書館ファンを獲得することに効果があったのではないでしょうか。

　もちろん、学生への働きかけに加えて、ステークホルダーである大学関係者への広報効果も一定程度が期待できます。

　大規模大学の図書館と小規模な大学の図書館では、実施できる企画と得られる効果に大きな差があると思われます。大きなところでは十分な人員と予算がかけられるでしょう。小規模な図書館は、図書館員一人一人がニックネームと顔写真または似顔絵イラスト付きで「私のおすすめの本」を紹介しているところがありましたが、学生とのコミュニケーションが良くなったとの効果が得られたようです。

◆昭和女子大学図書館（http://lib.swu.ac.jp/）

事例5　明日の県立図書館〜三重県立図書館改革実行計画〜

1）企画内容

　三重県立図書館の「明日の県立図書館〜三重県立図書館改革実行計画〜」は、2011年度から4年間をかけて行われている改革計画です。2007年6月にまとめられ2010年度まで進められてきた取り組み方針「新しい県立図書館づくり」では、情報収集支援、学習支援、交流支援、成果活用支援の4つを取り上げていました。その終了を受けて今後の4年間の活動方針として、県立図書館としてのあるべき姿を再検討し、実現に向けてのプログラムを提示しています。

　取り組みは2006年4月に文部科学省が公表した『これからの図書館像－地域を支える情報拠点をめざして－』を基本におき、「役に立つ図書館へと変わっていくために必要な機能」としての課題解決を支援する相談・情報提供の機能の強化、印刷資料とインターネット等を組み合わせた情報提供、学校をはじめとする各組織・団体との連携、広報を含む図書館経営の改革などを盛り込んだ内容となっています。従来のような資料の貸出にとどまることなく、住民の課題解決を支援できる頼れる図

書館を目指しています。

2）広報手法

実行計画は利用者に向けての「2つの約束」、それを実現するための「3つの活動」、具体的な「5つの方策」で示されています。また、各年度ごとではアクションプランが、スケジュールと共に策定されて、計画（P）－実行（D）－評価（C）－改善（A）のPDCAサイクルが明示されます。

下記に「明日の県立図書館～三重県立図書館改革実行計画～」[注5] の項目を取り上げて、紹介します。

```
2つの約束
1　全県域・全関心層へのサービスを約束します
2　先進的なサービスを約束します

3つの活動
1　資料・情報の創造的活用
（1）レファレンスサービスの強化
（2）課題解決支援サービスの充実
（3）読書活動の推進
（4）新たなサービスの調査研究と試行

2　特色ある資料の充実
（1）県内全体を意識した資料収集
（2）三重県関係資料の充実
（3）保管機能の強化
（4）資料活用方法の充実
（5）資料研究と成果の情報発信

3　三重県図書館体制づくり
（1）市町立図書館との連携
（2）県立学校図書館との連携
```

注5）「明日の県立図書館～三重県立図書館改革実行計画～」三重県立図書館　2011年4月
（http://www.library.pref.mie.lg.jp/app/details/index.asp?cd=2011040091）（参照2012年6月14日）

第1部　図書館広報の理論・実践

　（3）人材育成
　（4）図書館のための図書館
5つの方策
1　プロモーション
2　連携・協働
3　スキルアップ
4　ネットワーク
5　マネジメント

3）効果

　この実行計画で、注目すべき点は多々あるのですが、広報の視点からは次の2つを取り上げることが出来ます。一つめは、サービス対象者として県民だけでなく三重県に関心がある方を意識していることです。これまで公共図書館では、地域住民を対象として資料収集やサービスの充実、情報発信を図ってきましたが、これをより広げていく考え方です。地域に関する情報を一カ所で検索し、入手できる、また積極的な情報発信を行える拠点作りを目指しています。

　二つめは、取り組み方針のなかで示されている5つの方策の一つとしてプロモーションを取り上げていることです。このプロモーションは平成23年度のアクションプログラムでは、「1 プロモーション　お客様に積極的に働きかける姿勢でサービスを展開し、親しまれる図書館づくり、図書館の利用促進をめざします。」とされ、具体的に「講座の開催」「インターネットでの情報発信強化」「新聞記事の見出しリスト公開」「図書館・学校向け情報発信」が、PDCAサイクルのスケジュールと共に示されています。プロモーションとは「広告・販売促進・PR」のすべてを含み、狭くとらえると対象者へ具体的なアクションを促すような働きかけを意味します。

　図書館のあり方を、図書館の関係者だけでなく、住民全体で作り上げていこうとする計画そのものが、広聴広報としての高い効果をもつ先進的な取り組みとして見ることが出来るのではないでしょうか。

広報の理論

2-1 広報とは何か

　広報とは、PR（public relations）の訳語であり、本来は「個人や企業・自治体等の組織とその属するパブリックとの間に、双方の利益をめざして、双方向のコミュニケーションを作り、維持するすべての概念と手法」を言います。

　我が国では、これまで広報を限定的にとらえ「個人や企業・自治体等の組織が、属する社会に働きかけることによって、社会の意見や行動を変化させ、その考え方や理念、目的、活動などへの理解を広めることを目的に行う活動」と理解してきました。これは、どちらかというと「情報発信に偏った広報」とでも称すべきものでした。実際には、さらに限定的に展開され「お知らせ広報」と言われる通知型の広報としてしか機能していませんでした。また、PRという言葉にはマーケティング的な面で「宣伝」という限定的な解釈で用いられていた事例が多く見られました。

　　「パブリックリレーションズ（Public Relations）は20世紀初頭からアメリカで発展した、組織とその組織を取り巻く人間（個人・集団・社会）との望ましい関係をつくり出すための考え方および行動のあり方である。日本には第2次世界大戦後の1940年代後半、米国から導入され、行政では「広報」と訳されたのに対し、民間企業では「PR（ピーアール）」という略語が使われてきた。しかしその後「PR」は「宣伝」とほとんど同じ意味で使われるようになり、本来持っていた意味から離れてしまった。そのため多くの組織では、その職務を「広報」と呼ぶことが多くなっている。」

　日本パブリックリレーションズ協会Webサイト「パブリックリレーションズとは」http://www.prsj.or.jp/shiraberu/aboutpr（参照2012年6月13日）より引用

第1部　図書館広報の理論・実践

　やや古い理解での広報とは、個人や企業・自治体などの組織が、属する社会に働きかけることによって、社会の意見や行動を変化させ、その考え方や理念、目的、活動などへの理解を広めることを目的に行う活動全般を指す概念でした。属する社会は具体的に言うと社会の中のステークホルダー（組織を取り巻く人々＝利害関係者）を指します。ステークホルダーには、自己の組織内の人々も含まれ、内部での意志の共有化や発展を目指す活動も広報活動とされます。行政の広報におけるステークホルダーは、地域住民を中心に、企業、NPO、NGO、議会、マスコミ、職員、関連省庁などが挙げられます。対象者は、年齢、性別、職業、図書館であれば利用の有無などによって細かく類別することができます。

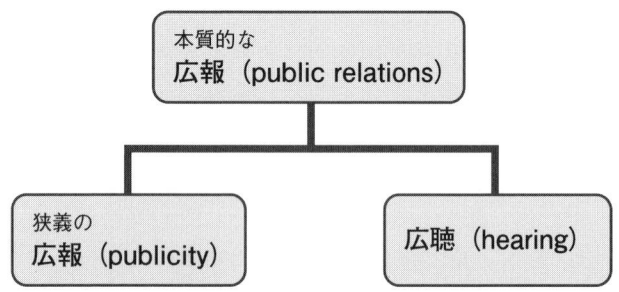

図2-1-1　広報の概念

　これに対して新しく広まりつつある本来の広報（PR）とは、個人・組織とそれを取り巻くステークホルダーとの間に良好で健全な相互信頼関係を作り、影響し合うことによって、最終的に個人や組織の目的を達成する行為です。

　「相互信頼関係を作り、影響し合うこと」を実現するためには、当然に「相手の考えていること」を把握するために広聴活動を行い、ステークホルダーの意見を受信し、理解しなければなりません。つまり、広義の広報とは、情報の発信と受信が対になって成り立つものであり、広聴・広報なのです。

2章　広報の理論

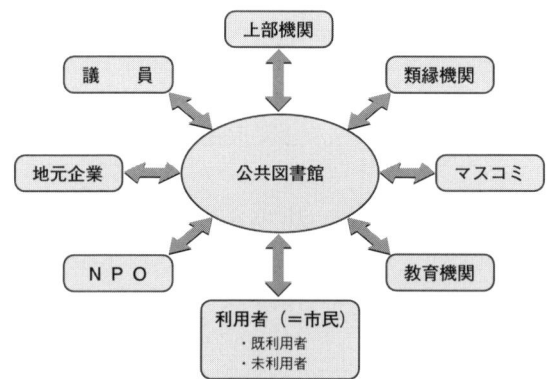

図2-1-2　組織とステークホルダーの関係

猪狩誠也は著書の中で、広聴・広報について次のような興味深い事を述べています。

　「広聴を先に持ってくるのは、広報・PR活動はまず聴くことに始まるべきだからである。自分が人からどう受け取られているか、独りよがりになっていないか、どんな要求・要望を持っているかなどを聞き取ることに始まる。」
猪狩誠也編著『広報・パブリックリレーションズ入門』宣伝会議
　　　　　　　　　　　　　　　　　2007.1　p.21より引用

コミュニケーション活性化にむけた広報広聴活動チームの共同研究報告書では、行政の広報について、次のように捉えています。

　「このように歴史をひもといてみると、PRとは、双方向のコミュニケーションによって住民と行政との信頼関係を築くことを目的とした活動である。そうすると、PRの訳語である広報は、「お知らせ広報」にとどまらない、より積極的な情報発信ととらえるべきである。
　また、広聴を抜きにして双方向の情報の流れを作ることはできないと考えれば、広聴の重要性をもっと認識すべきであり、PRの訳語は広報よりもむしろ広報広聴がふさわしい。そして、この本来の意味におけるPR（広報広聴）こそ民主主義の原点であり、今、行

23

第1部　図書館広報の理論・実践

政に求められているものにほかならないのである。」
コミュニケーション活性化にむけた広報広聴活動チーム
『コミュニケーション活性化にむけた広報広聴活動—情報公開から情報共有へ—』2003.2　p.9より引用

　このように、「PR（public relations）は、個人や組織がステークホルダーとの間に信頼関係を築き、維持していくことによって、個人や組織の目的を達成していこうとする活動や技術のことであり、広報＝広聴・広報と称する」と理解することが適当ではないでしょうか。本書でも「広報＝広聴・広報」を前提として、以後「広報」という用語を使用していきます。

2-2　広報と広告・宣伝との違い

　広報に似て非なる言葉に「広告・宣伝」があります。
　宣伝は、個人や組織（企業、自治体）が自らの商品やサービス、さらには組織自体を広く一般に知ってもらうためになす行為を言い、販売促進活動を含みます。語源はプロパガンダ（propaganda）の訳で、特定の思想・行動へ誘導することを意味していました。プロモーション（promotion）とも言います。
　広告は宣伝に含まれている概念で、多くは有料で新聞・雑誌・TV・ラジオ・Webサイトなどのスペースを購入し、個人や組織が内容と発表時期や方法をコントロールした上で自らの情報を発信することを言います。そのため、一方通行で発信側に有利な情報のみが流れるという特徴があります。企業側からの一方的な情報ということで、情報への関心が高まるにつれて消費者が広告の内容を冷静に用心深く判断する傾向が見られるようになっています。
　なお、広告は管理可能なメディアを用いた、非人的メッセージであり、広告主が明示されている必要があるとされています。人的メッセージとは、実演販売などのようにメディアを介さず人間が直接行うものを指します。

2章　広報の理論

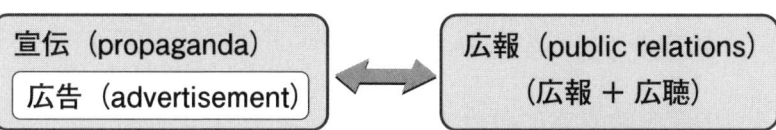

図2-2-1　広報、広告、宣伝の関係

2-3　「告知型広報」から「コミュニケーション型広報」へ

　広報の目的は、アナウンス、ステークホルダーとの信頼関係の形成、継続的な情報の受信・発信の、大きく三つに分けられます。アナウンスでは個人や組織の考え方や行動、成果を知ってもらうこと、信頼関係の形成ではステークホルダーとコミュニケーションを取り、またはステークホルダー間のコミュニケーションを支援すること、情報の受信・発信では広聴・広報活動により、自らが情報の発信者となると同時にステークホルダーの発する情報を積極的に受信します。これらの活動を継続して行い、ステークホルダーとの共通の理解を形成していく事になります。

　これまでは、広報活動はお知らせ的なアナウンス行為に比重が偏り、なかでも無難な程度の「お知らせ」を、一方的に、また広報する側にとって有利となるような情報に偏って報じている傾向が強くありました。広報する側に不利益な情報を発信する場合でも、発信することによって不利益が少しでも緩和されるような意図が見えているような広報にとどまっていました。

　広報の意味が「広聴」と「広報」の両方を含む概念であることの理解が広まり、また、インターネットがソーシャル・ネットワーキング・サービス化へ大きく進化を続けており、積極的に交流し、情報を入手し、発信するステークホルダーが増加したことを考えますと、広聴機能の充実が望まれます。一方で本質的な民主主義の発展を促進するという意味からも、今後は住民の意見や要求を吸い上げ、フィードバックする

25

第1部　図書館広報の理論・実践

本質的な意味での広報をこれまで以上に重視し、住民とのコミュニケーションの活性化を図る必要があります。

2-4　広報戦略立案にむけて

　広報戦略を考えるためには、広報（狭義）としての発信であれ、広聴としての受信であれ、その情報の内容、スタイル、情報媒体などの広報計画を検討しておく必要があります。場当たり的に広報らしきことを行ったとしても、効果的な活動にはなりません。週・月・年度ではなく、少なくとも数年の単位で「私たちは何を目標として、何を行うのか」とそのための手段を明確に計画しておくことが、広報戦略の基本です。

　このことは同じ組織内にも言えることです。ステークホルダーに提供する情報について、職員の一人一人が明確に理解し共有していなければなりません。「全員が同じ方向を向く」ことが大事です。

　また、行政組織内では他部署との横の繋がりを図っておき、相互に交流・協力できる体制を作っておくことも必要です。その意味から考えると内部への広報は対象が広くなります。内部への広報というと組織内の上部へ働きかけるイメージがありますが、他部署へ「私たちは何を目標として、何を行うのか」をアピールし、理解してもらうこともまた必要なことです。

2-5　ソーシャル・ネットワーキング・サービスと広報

　インターネットユーザーは、必要な意思決定をするためになるべく多くの情報を入手し、検討を行いたいと考えています。ユーザーが自らの意思決定に活用している情報は、探索情報と経験情報に大別することができます。

　探索情報とは、例えば通販の購入商品の選択であれば価格やサイズなど、自ら探索することで得られる情報です。

　これはインターネットでも入手できますので、ネットワーク系情報といえます。

　店舗に出向かずにWeb上でも入手できるため、コストや時間の節約に

なります。複数の店舗に行かなくても、価格.comやconeco.netなど[注6]の通販価格比較サイトで全国最安値を調べることができます。また、他のユーザーが投稿した商品やお店の評判を知ることもできます。

探索情報に対して、アパレル商品の肌触りや着心地、レストランの雰囲気や客層など、実際に経験しないと得られない情報が、経験情報です。

このような感覚的あるいはイメージ的な情報は、これまで実際に経験しなければ判断材料が得られませんでした。

感覚的な情報はインターネットでは入手しづらかったために非ネット系情報と言われていました。

これまでは、探索情報はインターネットでも入手できる情報だが、経験情報はWebでは得づらい情報だと考えられていました。

しかし、ブログやツイッターやフェイスブックなどの口コミを中心としたコミュニティサービスは、経験情報を伝えるツールとなり得ます。ブログやツイッター、フェイスブックなどは記事の長短やアクセス方法の違いなどの差がありますが、経験情報を記事として発信することに優れたツールです。個人が実際に見かけたことや経験したことが詳細に語られ、それを読んだ人が付けたコメントや別サイトへの引用により、経験情報が集まり、深化し、拡散していきます。言わば自分に成り代わって「経験してきた」「試してみた」「詳細なレポートを書いてくれた」というイメージです。

問題は、彼らが本当に参考にするのは、決してオフィシャルサイトの宣伝・告知ではなく、善意から書かれた「友だちの情報や体験談」であるということです。情報の真贋をはかる前に実際に使った人の経験情報に強い影響を受けてしまうものなのです。

図書館のイメージや評判にも、ソーシャル・ネットワーキング・サービスからの生の声が影響を及ぼすようになってきています。その「声」の正確さや公平さよりも、「人が直接発しているから」ということが重

注6) 価格.comやconeco.netはいずれも価格比較Webサイト。口コミ情報も導入している

視され意思決定が行われます。
　図書館がソーシャル・ネットワーキング・サービスを積極的に使う理由の一つがこの経験情報の発信にあると理解してください。

| 3章 | インターネット時代の広報活動 |

3-1　インターネットを利用した広報とは

インターネットと広報の関わり

　インターネットの商用利用が始まった1990年代後半、ほとんど同時に個人、企業、団体によるWebサイト（ホームページ）の公開が流行しました。しかし、当時はWebサイトを作成し公開することで精一杯で、充実したコンテンツを備えるところはほとんど見られませんでした。それでも十分な宣伝効果が得られ、大いに羨ましがられたものです。Webサイトで更新されていた情報は「簡単なお知らせ」程度でした。2000年直前には図書館のWebサイトでOPACの提供が始まっていましたが、一方で「画面の半分を占める図書館の外観の画像＋連絡先からなるTopページ」と「図書館の概要と名付けた館長のご挨拶」のページの二つしかコンテンツ[注7]を持たない図書館のWebサイトが、まだ多少は見受けられました。

初期
コンテンツは少ない
デザインやレイアウトはシンプル
実用性は低い

ユーザビリティ導入期
コンテンツ増大
ユーザビリティ導入
実用化

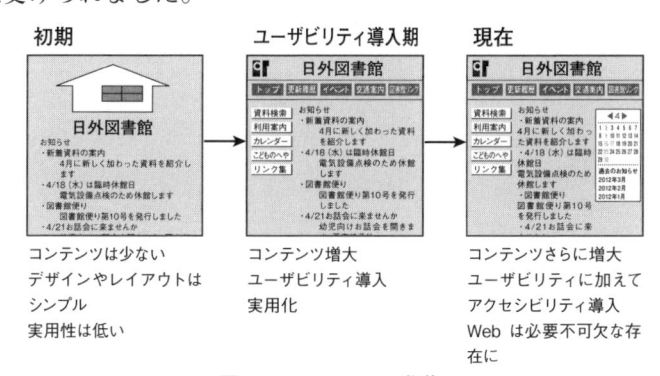

現在
コンテンツさらに増大
ユーザビリティに加えてアクセシビリティ導入
Webは必要不可欠な存在

図3-1-1　Webの進化

注7）情報そのもののこと、Webサイトの場合は目次やメニューを指して使われることもある

第1部　図書館広報の理論・実践

　2000年を過ぎた頃から、企業のWebサイトが大きく変化し始め、コンテンツの急激な増大とアニメーションや音声を使用した「動きのあるページ」が実用化されます。また、Webサイトを持っているだけではなく、有益な情報が入手できることが求められるようになり、Webサイトの充実が企業のイメージに影響を与えるようになりました。この時期、急速なコンテンツの充実と訪問者数の増加、多様化に対応するべく苦慮していたところに、2000年8月にヤコブ・ニールセン『ウェブ・ユーザビリティ　顧客を逃がさないサイトづくりの秘訣』が篠原稔和の監修により出版され、Webユーザビリティが大流行します。
　2005年頃より、それまでコミュニケーションの主流だったCGIで動作しているWeb掲示板（BBS）や個人のWeb日記に、Web2.0と呼ばれるブログやWiki、その他のソーシャル・ネットワーキング・サービス（SNS）が加わります。
　2010年以降の現在では、スマートフォン、タブレットの普及とブログ、ツイッター、フェイスブック、製品・価格などの情報サイトなど、個人ユーザーの持ち寄った情報が巨大な情報源として機能し始めています。2011年3月の東日本大震災では図書館の世界でもsaveMLAKのように有益性、実用性の高いSNSが活動しています。
　以上のような経緯を経て、インターネット上のサービスは高い双方向性を持ったコミュニティとして機能するソーシャル・ネットワーキング・サービスへと進化してきました。

サービスと広報
　インターネットで提供されているサービスにはさまざまなものがありますが、いずれも同期か非同期か、片方向か双方向かで四つの事象に分けられます。
　広報に活用できるものとしては、Webサイト（ホームページ）、動画共有サービス（YouTube、ニコニコ動画）、メールマガジン、ブログ、ツイッター、フェイスブックなどが挙げられます。

3章　インターネット時代の広報活動

		伝　達　速　度	
		非　同　期	同　期
伝達方向	双方向	電子メール	Webチャット
		Web掲示板(BBS)	インターネット電話
		メールマガジン	インターネットTV会議
		ツイッター	ストリーミング配信
		フェイスブック	
	片方向	Webマガジン	インターネットラジオ・TV放送
		ブログ	
		ファイル・データアーカイブ	
		Webサイト	
		動画共有サービス	
		OPAC(所蔵検索)	

図3-1-2　インターネットで提供されているサービス

　Webサイトは非同期・片方向のため主に広報機能に限定されますが、他は非同期・双方向のメディアのため、広聴、広報の双方に活用することができます。

　Webサイトは今後も主にお知らせ、案内、紹介、宣伝、提示などの一方向の情報発信機能と検索などのサービスを使わせるための操作機能（OPAC、オンラインデータベースなど）を担い続けます。また、メールマガジンやツイッターなどの双方向サービスへの入り口（portal）としての機能も持っています。

　非同期・双方向のメディアであるソーシャル・ネットワーキング・サービスは、狭義の広報だけでなく、広く情報を受信できる広聴機能を持っています。図書館からの発信を契機として、あるいはオリジナルの話題で、図書館－利用者、図書館－図書館、利用者－利用者、そして未利用者を含んで、図書館への相互理解を深める有効なツールとして機能することが期待できます。

第1部　図書館広報の理論・実践

3-2　図書館で実施するにあたっての問題点

　図書館でインターネットを活用して情報発信を行う場合の留意点を著作権、個人情報、セキュリティ、サーバ[注8]などの機器の問題を取り上げて説明しましょう。

著作権
　著作権情報センターのWebサイトで公開されている「著作権Q&Aシリーズ」より、いくつか紹介しましょう[注9]。

事例1
Q： ホームページやブログは著作権で保護されるのでしょうか。
A： ホームページやブログはテキストファイルで構成されている単純なものから、写真、動画などの画像データや音声を含むさまざまなものまで多種多様です。これらが著作物として著作権法による保護を受けるかについてですが、結論から先に言えば、少なくともその表現に創作性があれば著作物として保護されると考えてよいでしょう。

　Webサイト・ページ[注10]の各コンテンツに使用するテキストや画像、動画、音声、各プログラムが著作物です。また、デザインも著作権による保護の対象です。他者の作ったWebサイトを尊重するのと同様に、自館Webサイトの著作権の帰属に関しても明記するように心がける必要があります。

注8）　ネットワーク上のコンピュータ間で他のコンピュータにファイルやデータ等を提供するホスト役のコンピュータ、またそのプログラム
注9）　事例1、2、3共に、著作権情報センターWebサイト「著作権Q&Aシリーズ『著作物の種類はどんなものがある？』」http://www.cric.or.jp/qa/hajime/hajime1.html（参照2012年2月28日）より抜粋。同内容が冊子「デジタル・ネットワーク社会と著作権」にも収録されている
注10）　Webページは単一のhtml等を指し、WebサイトはそのWebページ群のまとまり全体を指す

32

3章 インターネット時代の広報活動

　有料、無料を問わず著作権フリーで利用できる素材・コンテンツは便利ですが、商用利用を制限している場合があります。図書館は公共性が高いからといっても無断で使用できるとは限りません。時には「印刷物への使用はフリーですが、ネットでの利用はできません」と表記されている場合もあります。この場合は印刷物への利用は許諾されていますが、ネット上で公開されるWebサイト・ページへの使用はあらためて許諾を受ける必要があります。
　なかには微妙な表現も見かけますので、利用規程で明記されていない限りは、確認を怠らないことが望ましいでしょう。

事例2
Q：市立図書館で雑誌の表紙・目次・記事のダイジェストをデータベース化し、ホームページにアップロードしていますが、問題はありませんか。
A：市立図書館であれば、著作権者に無許諾でホームページにアップロードすることができるでしょうか。結論としては、無許諾ではできません。なぜなら、市立図書館が、著作権法上特に認められている行為は、以下の複製行為に限られるからです。
　（1）図書館の利用者の求めに応じ、その調査研究の用に供するために、公表された著作物の一部分（発行後相当期間を経過した定期刊行物に掲載された個々の著作物にあっては、その全部）の複製物を1人につき1部提供する場合
　（2）図書館資料の保存のため必要がある場合
　（3）他の図書館等の求めに応じ、絶版その他これに準ずる理由により一般に入手することが困難な図書館資料の複製物を提供する場合
　　また、公衆送信については、図書館といっても無許諾で行うことは認められておりません。
　　したがって、図書館がホームページに雑誌の表紙・目次・記事のダイジェストをデータベース化してアップロードする行為は、

いずれも雑誌社等著作権者の許諾を得なければ行えません。
(問い合わせは、日本雑誌協会、または各雑誌社)

　印刷物の慣例などから、表紙の複製に関しては「せっかく紹介しているんだから」と気に留めない方もいると思います。しかし、Webサイトであると複製権(コピー)、翻案権(ダイジェスト)、公衆送信権(ネットで公開)などの多くの権利が関係してきます。特に公衆送信権には注意が必要です。過去に自分たちの組織で作成した出版物であっても、インターネットに公開するにあたっては、個々の著作物の利用について権利者に許諾を得ることが必要と考えてください。印刷物のコピーを日常業務としていて慣れているためなのか、「文言に書かれていることは理解できるけれども、感覚がついて行けない」とベテランの図書館員ほど公衆送信権になじめない傾向があるように思います。

図3-2-1 著作権Q&Aシリーズ

事例3
Q：著作物の利用について不明なことがあるときの問い合わせ先を教えてください。
A：著作物を利用する際、具体的な疑問が生じた場合には、法律の専門家にご相談されるか、著作権関係団体に問い合わせされることをお薦めいたします。
(以下、著作物ごとの連絡先が紹介されています)

　著作物の利用に関しては、上記の著作権情報センターWebサイト「著作権Q＆Aシリーズ」がコンパクトにまとめられていますので、疑問がある場合はそのつど確認するようにす

ると良いでしょう。同じ内容で無料冊子としても配布されています。

連絡先も掲載されていますので、疑問な点は問い合わせてから利用しましょう。

個人情報

インターネットを検索してみると、情報流出の「お詫び」「お知らせ」は、2～3日に1回、多いときでは1日数件も見つかります。非常に些細な事故であってもお詫び、お知らせがなされていますので、実際の被害が生じるような事故はまれですが、他山の石とし気を引き締めることが重要です。

インターネット上で公開されている情報流出事故の報告よりいくつか抜粋してみます。

事例1： ＊市ホームページからの情報漏えいについて（お詫び）
　　　　平成24年＊月＊日＊時頃　＊市＊＊＊＊にてホームページ更新のための操作研修中に、個人情報を含むファイルを誤って入力し、その情報がインターネット上で閲覧可能な状態となりました。

事例2： ＊＊＊社　お客さま情報の盗難について
　　　　弊社の営業社員が契約者訪問時、お客さま宅兼店舗の店先で商談中に、営業社員の背中側に停めていた自転車の後部のカゴに入れていた鞄が盗まれました。鞄にはお客様情報を記録したノートPCおよびUSBメモリが入っており、速やかに警察に届け、付近を捜索しましたが、現在、発見されておりません。

事例3： メールアドレス誤送信について
　　　　＊市商工課において、人財バンクにご登録いただいている皆さまにイベントの開催案内を電子メールで一括送信する際、専用のメール送信システムを使用せず、通常業務で利用するメールシステムで入力したメールアドレスが、他のご登

第1部　図書館広報の理論・実践

録者に表示される状態で送信してしまいました。

　本来、利用者の秘密の保護という観点が定着している図書館は、職員の意識も他に比べ比較的高く、個人情報・データの扱いには安心がおけるイメージがあります。図書館は、今までも着実に行ってきた利用者への気配りを、これまでと同様に、あるいはあらためて襟を正して遂行していくことによって、近年の法改正などにも十分に対処できます。
　しかし、Web上での情報発信やメールの送信、情報の取り扱いについては、Web固有の事情もあります。また、図書館側もまだ十分にノウハウを蓄積しておらず、図書館員に浸透しているとは言えません。以下、気になる点を挙げておきます。
　一般に印刷物と異なりWebサイトに掲示した情報の更新は容易です。このために誤って情報を掲載した際の対処を簡単に行うことができます。一例を挙げれば、図書館の開館日を広報誌などの紙面で配布した場合は、掲載した開館日の末日が来るまで、そのページを参考にされる可能性があります。開館日のページを切り取って冷蔵庫の扉にぺたりと貼り付けているイメージを思い描いてください。それに比べてWebページに掲載した場合は、確認したくなるたびにアクセスして画面を読み込むことになります。そのため、常に新しい更新情報を見るため、修正前の誤った情報に触れることは少ないと考えられます。
　しかし、テキスト情報とは異なり、画像や動画については一度流出したデジタル情報には回収という手段が機能しないという点に注意すべきです。学校などにおける情報リテラシー教育のセキュリティの項では、「完璧な回収は無理です。都合の悪い情報が流出した際の対策を考えるより、流出しないように心がけましょう」と伝えています。
　また、個人情報、肖像権、プライバシーなどのトラブルは、いずれも事前の同意を得ることによって基本的に防げます。図書館のキャラクターとして複数の職員が交代で発信するような場合には意識が低下しがちです。相互に注意を促し、未然に防ぎましょう。
　個人のブログなどではないことを忘れずに意識しておきましょう。

セキュリティ

安井秀行の『自治体Webサイトはなぜ使いにくいのか？—"ユニバーサルメニュー"による電子自治体・電子政府の新しい情報発信』によるとセキュリティ面での取り組みは一定の成果を上げているように思えます。

> 「例えば、上記の委員会で、総務省のe-Gov、国税庁のe-Tax、法務省オンライン申請システム等についてデモを伴った説明を聞く機会がありました。
> 　そのデモを拝見して、確かにセキュリティ面ではさまざまな取り組みがされていて、また今まで書面でしか行えなかった申請をインターネットを通じて実現するために、役所内部でのさまざまな手続き変更に関する取り組みがなされていることはよく分かりました。こうした、セキュリティをいかに確保するか、またそのシステムを活用した行政手続きをいかにスムーズに運用するかという議論は、政府関連のIT、サイトシステムを実現するために必要不可欠な議論で、こうした議論を基にさまざまな取り組みが行われてきたことは、高く評価できると思います。」
> 　安井秀行著『自治体Webサイトはなぜ使いにくいのか？—"ユニバーサルメニュー"による電子自治体・電子政府の新しい情報発信』時事通信出版局　2009.9　p.67より引用

この文脈は自治体Webの使いにくさの原因を、セキュリティや手続きなどが「役所の内部の議論」からなされており「マーケティング的な視点での議論」がなされていない点にあるのではないかと問題視している箇所です。

「マーケティング的な視点」はもちろん必要ですが、ここで注目したいのはセキュリティ面での取り組みは進んでおり、参考とすべきものは

第1部　図書館広報の理論・実践

いくつも存在するという点です。しかし、せっかくの事例やマニュアルが生かされていない例が多いのではないでしょうか。その重要性を考慮しないのは論外としても、「よく分からない話ですので」と消極的な施策に逃げ込んでしまっては困ります。

一方で、ヒューマンエラー[注11]による事故はよく耳にします。

次にある事例を紹介します。

ある企業が中途採用のエントリー受付をWeb上で行っていました。最近の就職活動ではよくみられるブラウザでWebページにアクセスして、画面上の項目を埋めていき、完了のアイコンをクリックして申し込むタイプのものです。このようなシステムの場合は、呼び出している画面はサーバのWebサービスのプログラムです。ユーザーが情報を入力した後に、完了のアイコンをクリックしてデータを送信すると、受け取ったサーバはセキュリティが高めに設定されているディレクトリに保存します。ちなみに、ユーザーとサーバ間は通常は暗号化通信が行われます。

ところが、設定ミスによりデータがExcelファイルの形式でWebに公開されているディレクトリに保存されていました。そのためにロボット検索エンジンが見つけてしまいます。

しばらくすると、誰かが「ファイル名は何でも良いから拡張子がxlsのファイル」を検索し、このファイルの存在が世間に明らかになります。ダウンロードし放題、見放題になっています。Excelファイルには、転職希望者の氏名、連絡先、現在の勤務先、なかには転職動機に「今の職場や上司の不満」を書いていた方もいたかもしれません。

原因は、単純な設定ミスによるもののようでした。マニュアルをよく読んでいなかったのか、読んだが忘れてしまったのかなど、詳しくは分かりません。

セキュリティの気をつけ方やマニュアルは調べれば分かります。事例も多くあります。後は、運営する担当者の慎重な姿勢と事故への事前の

注11）人為的原因による機械や装置・システムなどの誤作動、事故

3章　インターネット時代の広報活動

備えを忘らないことが肝心です。

　意識の緩みや人事異動に備えるため定期的に研修を行って館内の理解の統一を図ることと、各種の基準・マニュアルを明文化しておくことも有効です。

3-3　緩和されてきたサーバ機器、技術者の確保の問題

　以前はかなり苦労していた、サーバ機器や施設の確保や十分に安定した高速な通信環境については、普及や標準化が進んだことによるコストダウン、アプリケーションやクラウドサービス[注12]の発展など多くの要因により、問題が緩和されてきたと言えます。

　技術者については、そもそも図書館側がWebサイト構築にあたって特別な人材を必要としなくなりつつあります（逆に高度なサービスを展開するための人材は必要となりましたが）。CMSのようにWebサイトに情報を追加するだけならば、インターネットやパソコンに詳しい人よりも、読みやすく分かりやすいWeb向きの文章を書く能力、求めに応じて的確な情報を選択できる能力、リクエストに迅速に反応できる軽快さと事故を未然に防ぐことのできる知識と高い意識、そして、図書館が提供してきたサービスや図書館利用者に対する深い理解を持ち、情報リテラシーに富んだ図書館員が、なによりも求められることでしょう。

　図書館のWebサイトを新設・更新する際には、多くの場合はWeb制作業者に発注することになると思いますが、その際に図書館側の希望を十分に伝えて仕上がりをチェックできる知識を持った人材が要求されます。

注12）クラウドコンピューティング（cloud computing）、各端末にアプリケーションをインストールせずに、インターネットのサーバからサービスを受ける形態

第1部　図書館広報の理論・実践

4章　利用者へのPR

4-1　公共図書館の広報

　公共図書館の広報について、「公立図書館の設置及び運営上の望ましい基準」（平成13年7月　文部科学省告示）には、以下のように記されています。

　　「住民の図書館に対する理解と関心を高め新たな利用者の拡大を図るため、広報紙等の定期的な刊行やインターネット等を活用した情報発信など、積極的かつ計画的な広報活動及び情報公開に努めるものとする。」
　　　　　　　　　　　【二　市町村立図書館（七）広報及び情報公開】
　　（市町村立図書館運営に関して）「図書館協議会を設置し、地域の状況を踏まえ、利用者の声を十分に反映した図書館の運営がなされるよう努めるものとする。」
　　　　　　　　　　　【二　市町村立図書館　（十）図書館協議会】
　　「公立図書館の設置及び運営上の望ましい基準」（平成13年7月　文部科学省告示）（http://www.mext.go.jp/a_menu/sports/dokusyo/hourei/cont_001/009.htm）（参照　2012年2月28日）より引用

　地域住民の読書力の向上や図書を購入する経済的余裕の増大にともない、「公共図書館の利用やサービス」に対しての関心が高まり、意見や要望を持つ利用者が多くなってきました。また、これまでとは異なり高度情報化社会が社会の変容を促しつつあります。利用者はインターネットという発言の手段・機会を手にし、不特定多数に対して発信することに躊躇しませんし、多様な情報から必要な自分が信じるに値するものだけを取捨選択（その選択が正しいかどうかを問わず）することに対して物怖じすることもありません。

このような変化を前に図書館の姿勢はどうあるべきなのでしょうか。

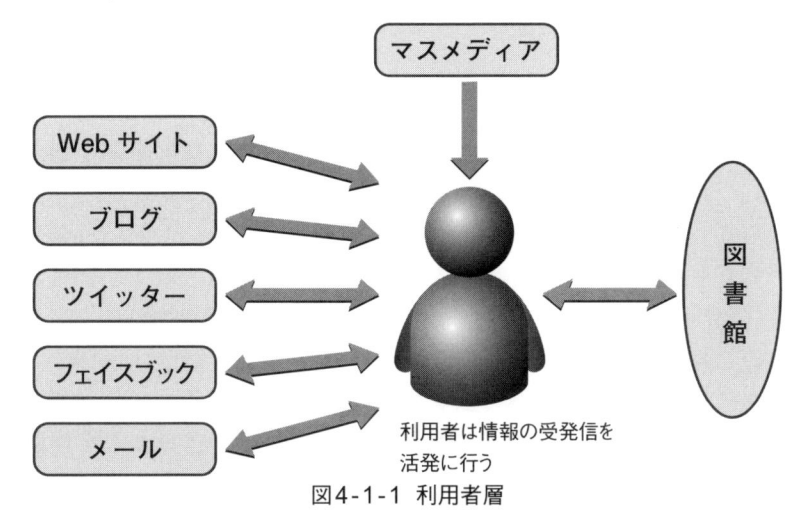

図4-1-1 利用者層

4-2 館長の役割

　一般的に図書館長は図書館の広告塔と言われます。利用者はもちろん、上部組織や関係組織、議会などに出向いて広報活動をするためには、それなりの地位の重みが必要となります。積極的に広報に努めていただきたいと思います。館長が必ずしも図書館の専門的知識や経験を持っている訳ではないのですから、専門職である図書館員が十分にサポートする必要があります。館長に指示されて資料を整えるのではなく、「これこれのPRをして来てください」と、内容や要点、資料を準備して送り出しましょう。図書館長が席に座る暇がないくらいに働いていただけると大変に助かります。

　また、図書館における広報にあたっても、一貫した自分たちの目指す理想的図書館像を描く必要があります。それは、広報担当者一人が思い描くものではなく、図書館員及び関係者全体で中・長期的視野に立って共有しているべきものです。理想的イメージを共有するためには強いリーダーシップの元に図書館全体で話し合っていく必要があります。日常業務の合間を縫って、図書館員が集まって話し合うためには、業務や

第1部　図書館広報の理論・実践

シフトの調整など繁雑な作業を伴います。
　この役目も図書館長に期待します。

4-3　対象者のカテゴライズ

　未利用者への図書館広報の目的は、「自分たちの町に図書館があることに気づいてもらう」「地域の知的情報資源の集積地であることを知ってもらう」ことに置かれます。「図書館に行ってみたい」という発想を持ってもらい、地域の利用者の増加を図っていきます。なお、図書館利用者（数）の増加ではなく、もう少し広く「地域の読書力の向上」と考えることもできます。

　これに対して既利用者への広報の目的は、「今まで以上に便利で充実したサービスがあり、各個人の状況に応じて提供できることを理解してもらう」、また「利用経験を周りの未利用者に広めてもらい利用を促す、あるいは図書館への理解を広める」ことに主眼を置かれます。

　利用者への広報を行う場合の対象者は、下記のようにカテゴライズすることができます。それぞれに対応する広報に若干の違いがあることを意識しておく必要があります。

①在住・在勤地別、または利用する館ごとの区別
②年齢層による区別
③情報の分野やメディアごとの区別
④情報の入手方法別

　どこで
　どのような利用者が ──→ 利用したいのかを
　何を ──→ 把握する。
　どのように

図4-3-1　利用者カテゴライズ

①と②が利用者そのものの特性によるカテゴライズで、③と④は必要としている情報の特性によるカテゴライズです。

未利用者の場合は、③④は把握することができないため、広報は①②に集中することになります。

広報の展開地点としては、公共機関として役所・駅・学校、公民館・福祉会館・スポーツセンターなどの他の生涯学習施設、その他に地域交流センター・高齢者施設・保健所・健康センター・公立病院など多くの市民が集まる場所が挙げられます。図書館の利用経験がない、図書館への関心が少ない市民にとって、まず図書館の位置、開館時間などを示し、自宅近くに図書館があることを知ってもらうことから始まります。

また、既利用者への広報でもっとも身近な場所は図書館の施設そのものです。これは図書館見学などばかりを指しません。施設の建物が発するメッセージ、ポスターなどの掲示物や職員の態度、なによりも提供されている資料から「図書館が何をやろうとしているのか」は伝わっていきます。「それは大げさな」と受け取られる方は、なぜ図書館員は身だしなみや言葉遣いに気をつけるのかを考えていただく思います。決してマナーだけの問題からではないでしょう。図書館が図書館らしく、図書館員が図書館員らしくあることが安心感や信頼感、読書や学習の意欲を生んでいくからではないでしょうか。つまり、よく図書館を利用する利用者への働きかけ（広報）は、日常の業務の充実にこそカギがあるように思います。

年度ごとの発信が定められている図書館年報、図書館要覧、活動報告書の類は別ですが、その他の広報の媒体であるポスター、チラシ、パンフレットはできるだけこまめに更新することが望ましいです。「いつ手に取ってもらえるか分かりませんから」、「明日見てくれるかもしれませんから」といって、いつまでも同じ物や号を置いていては効果が下がります。いつか手に取ってくれる人よりも「次の号はまだ出てませんね」とがっかりさせる人の方が多いかもしれません。今この瞬間に「目には入ったけど興味がなかったから手には取らなかった」という利用者で

も、次の機会に「おや、新しいのが増えているな？」と手に取ってくれることに期待しましょう。その際に、前号が何冊か並んでいると「積極的に頑張っているんだな」と良いイメージを持ってもらえることでしょう。費用面では不利ですが、りっぱな分厚い冊子を年に1回発行するよりも、話題を小分けにして小冊子を数回発行した方がより効果的です。

ちなみに、民間企業では小冊子のバックナンバーがたまってきたら合冊して「セレクト版」「総集編」「愛蔵版」などと銘打って再利用します。うまい手だと真似してみてはいかがでしょう。

広報のメディア（媒体）としては、以前からもよく活用されてきた図書館だより・図書館カレンダー・公民館だより・市民だより（広報誌）・新聞・コミュニティ紙・市民団体の機関紙・テレビ・ラジオ・Webサイト・パンフレット・掲示板・ポスターなどがあります。これらに加えて、ブログやツイッター、フェイスブックなどの新しいメディアを取り入れていきましょう。

また、図書館員自身が図書館外に出かけて広報に積極的に関わることも大事なことです。図書館員はもっとも効果的な宣伝媒体です。防災訓練に呼ばれて、颯爽とロープワークを披露するレスキュー隊員のような派手さや格好良さは持ち得ませんが、「顔の見える図書館」として、生の声で語りかけイメージアップにつとめてください。

4-4　コミュニティのハブとなる利用者

4-3の対象者のカテゴライズの①と②では広い範囲の対象に広報を実施する場合と、コミュニティのハブとなる人に行う場合の二つがあることを意識しておくことが重要です。ハブとなる人とはどのような人を指すのでしょうか。

ネットワーク理論にスモール・ワールド現象（small world phenomenon, small world effect）という考え方があります。いわゆる「人は、自分の知り合いを6人以上たどっていくと、世界中の人とつながりを持っている」という説です。これは、アメリカの心理学者スタンレー・ミルグラム（Stanley Milgram）の仮説で「六次の隔たり（Six Degrees of

Separation)」と呼ばれ、日本最大のソーシャル・ネットワーキング・サービス「GREE」の社名の由来として知られています。

　コミュニティでハブとなる人は常日頃から積極的に発言や行動をし、信頼を得ています。彼らに届いた情報は程なくそのコミュニティ全体に広まっていきます。ハブとなる人への働きかけが、いかに効果的か容易に想像できます。もちろん、ハブとなる人にはそのコミュニティ全体の情報が集まってもくるわけですから、こちらから情報を投げかけるだけでなく情報を入手する、いわゆる広聴活動においても重要な交差点（ポイント）です。そのポイントに対して、図書館は本を読む、本を利用する場というだけに留まらず、イベントや各種のサービスがあること、具体的には展示会・ブックリサイクル・ビジネス支援・子育て支援・健康情報の提供、学校や他の生涯学習機関との連携などをアピールしていきます。コミュニティがブログやツイッター、フェイスブックのようなソーシャル・ネットワーキング・サービスで活動していれば（大いに期待できそうなことですが）、「友達が経験したリアルな経験情報」として認知され、広まっていくことになります。

　ところで、図書館そのものも図書館員－利用者、利用者－利用者といったコミュニティを形成しています。ちなみに図書館ボランティアのように両方に重なっている場合もあります。そのコミュニケーションの輪は各利用者の図書館とは別のコミュニティと重なっており、そこに拡散していくことが期待できます。日頃から図書館を利用しているため、生の経験情報を持ち、図書館の良さ、人によっては情報源としての役割についても理解と自覚があるため、これらの方々が図書館について、所属するコミュニティで話すことは大きな影響があるのです。

　また、学校図書館を通して小・中・高の児童生徒、教職員、学校図書館指導員、ボランティア、児童生徒の家族、知り合いと図書館への理解が広がっていくことを期待したいです。

　企業では「お客様一人一人が、広報担当であり、広報媒体と心得よ」と言われていますが、私たちは「図書館の利用者一人一人が広報担当であり、広報媒体と心得よ」を合い言葉にしたいと思います。

第1部　図書館広報の理論・実践

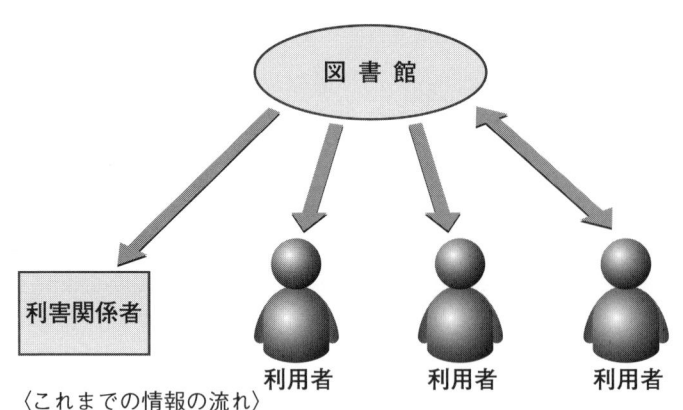

〈これまでの情報の流れ〉
　　　　　　　基本的に一方通行、少人数がメール等で意見を寄せる。

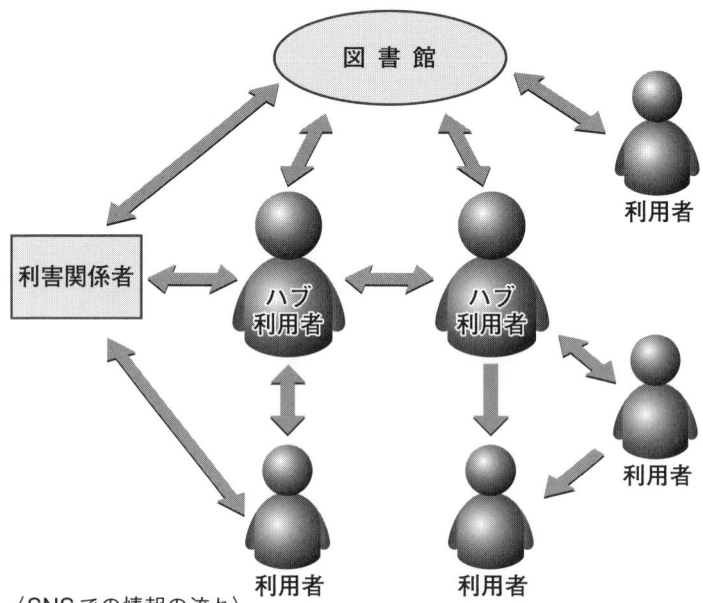

〈SNSでの情報の流れ〉
　　　双方向で情報がやり取りされ、その中にハブ（中心）となる利用者がいる。
　　　ハブを介して間接的に情報を得る場合もある。
　　図4-4-1　ソーシャル・ネットワーキング・サービス（SNS）

5章　社会・行政への働きかけ

5-1　公共施設とファシリティマネージメント

　最近、自治体が所有する公共施設に対する整理・統合・配置をファシリティマネージメントの考え方に基づいて行う事例が増えてきています。もちろん、公共図書館も対象です。

　ファシリティマネージメントとは、企業や官公庁において業務として不動産を利用する組織を対象とした施設の管理・運用手法のことです。

　日本のファシリティマネージメントの啓蒙書である『総解説　ファシリティマネジメント』では、次のように定義されています。

> 「企業、団体等が組織活動のために施設とその環境を総合的に企画、管理、統括する経営活動」
> FM推進連絡協議会編『総解説 ファシリティマネジメント』日本経済新聞社 2003.2　p.2 より引用

　似たような言葉で、主に既存の資産・施設に対するストックマネージメントや、株式や不動産業界で用いられるアセットマネージメントという言葉もあります。ストックマネージメントは既存の公共施設の整理・再配置を目的としていて、ファシリティマネージメントの一部と考えることができます。実際にはあまり違いを意識しないで用いられている感もあります。「公共施設ファシリティマネージメント報告書」はいくつかの自治体で実施され、報告書も出ています。これらの報告書は、「公共施設ストックマネージメント」「公共施設再配置計画」「公共施設適正配置計画」「公共施設マネジメント白書」などの名称で公開されています。

　全国の大多数の自治体にとって、少子・高齢化の進展や、人口減少社

会の到来、成長から成熟社会への移行、経済の低迷と税収の減少、社会保障費の増大などの社会情勢の変化は深刻な影響を及ぼしつつあります。東日本大震災と原発事故、ユーロ危機と留まるところを知らない円高などが我が国を直撃しています。これらの要因により財政状況が一層の厳しさを増し、高度情報化がきっかけとなって進行しつつある個人の嗜好・興味の多様化は、公共施設、なかでも生涯学習施設の多様化につながるのにもかかわらず、予算規模は逆に縮小されると考えられています。

　一方で、高度経済成長期以降に多くの施設が集中して整備されてきたため、老朽化による建て替え時期も集中して迎える状況にあります。これに耐震性の不足している施設に対する震災対策工事や防災対策が重い負担となって各自治体にのしかかってきています。やや古い2008年のデータですが、国土交通省の「公的不動産の合理的な所有・利用に関するアンケート調査」によれば、施設の維持・保全・管理に係る費用については、約9割の地方公共団体が優先的な対応が求められる課題に「既存施設の老朽化に伴う更新・改修需要の増加」を挙げています。

　すでに公共施設に対する整理・統合・配置をファシリティマネージメントの考え方に基づき実施した自治体の目的をまとめますと、以下のような共通したポイントがあります。

- 施設の維持管理費用の最適化や長寿命化対策による支出の抑制
- 施設の整理・縮小や外部委託による人件費の抑制
- 施設の整理・統廃合などに伴う売却や貸し付けによる収入の確保
- 施設管理データや評価結果、方針を担当部署が一元的に管理することによる効率化

　ファシリティマネージメントにおける評価は、従来の図書館自己点検や図書館経営評価とは視点が異なります。先ごろ流行した「事業仕分け」と同じような性格を持ち、特にストックの評価では既存の施設のリストラという話題が前提に事業が進んでいるように思えます。

　図書館の評価では、建物状況、運営（開館時間、図書館事業、主催事業）、利用状況、コスト状況、総合評価と課題、提言などが行われます。

5章　社会・行政への働きかけ

建物状況については、
①耐震安全性、老朽化状況、バリアフリー化、エコロジー対応状況、維持管理（費）などから見ます。
利用状況については、
②貸出冊数・利用者数、リクエスト件数、来館者数、企画・イベントなどをさまざまな統計などから見ます。

上記2点を項目ごとに他館・他施設との比較、年・月・日ごとの変化、利用者一人あたりや貸出1冊あたりのコストなどから細かく分析します。

```
日外アソシエーツ市公共図書館適正配置計画

～目　次～

Ⅰ　公共図書館適正配置計画策定の基本方針
　　1　計画策定の目的と方法
　　2　計画の構成と期間
　　3　計画の基本理念と概念（コンセプト）

Ⅱ　各公共図書館の状況及び課題
　　1　中央図書館
　　　（1）施設の概要
　　　（2）蔵書について
　　　（3）利用状況（利用者数、冊数・件数、施設利用状況）
　　　（4）耐震化等について

　　2　分館
　　　（1）施設の概要
　　　（2）蔵書について
　　　（3）利用状況（利用者数、冊数・件数、施設利用状況）
　　　（4）耐震化等について
```

図5-1-1　ファシリティマネージメント報告書

このような状況をふまえて、サービスや利用の拡大・充実に努めて行かなくてはならないのですが、現在のファシリティマネージメントではあまり取り上げられていない、利用者の満足度やコミュニケーション機能、Webサイトのポータル機能による学習支援などは、どのように評価されていくのでしょうか。

第1部　図書館広報の理論・実践

　ファシリティマネージメントは、元々の由来から数値目標と数値評価に偏りがちです。図書館の各種業務の内、ファシリティマネージメント報告書で挙がってきていない項目には、広報業務の成果があります。この数値化を試みましょう。

　広報活動の中で、広報誌・ポスター・パンフレットの発行回数・配布数、配布場所は数値化が簡単です。どこに何枚を置いて、何枚が残っていたので、おおむね何枚受け取ってもらえたか（破損による廃棄が含まれますが）について、経年の変化、配置場所、その他の要素でグラフ化ができます。

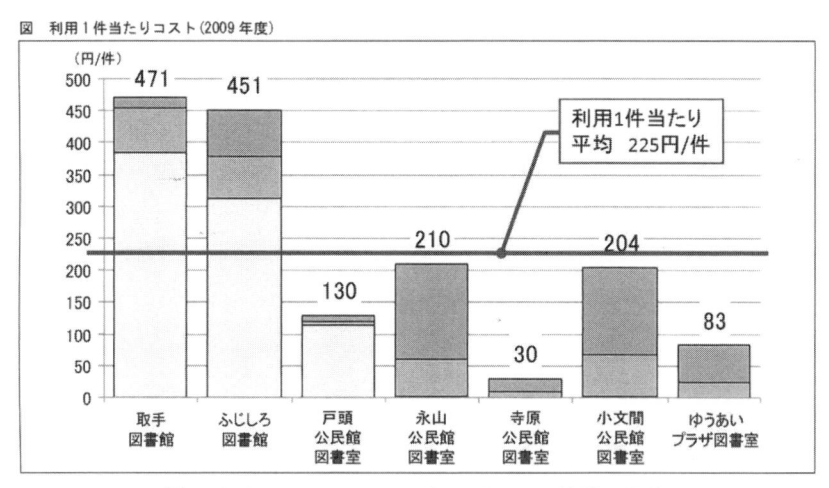

図　利用1件当たりコスト(2009年度)

（円/件）
- 取手図書館　471
- ふじしろ図書館　451
- 戸頭公民館図書室　130
- 永山公民館図書室　210
- 寺原公民館図書室　30
- 小文間公民館図書室　204
- ゆうあいプラザ図書室　83

利用1件当たり平均　225円/件

図5-1-2　ファシリティマネージメント統計の見本
出典：取手市『取手市公共施設マネジメント白書』2011.5　p.69

　お話会なら、年・月・場所ごとに、開催数、定員、申込者数、抽選倍率、アンケート結果が数値化できます。抽選ではなく先着順で受け付けている場合は抽選倍率は出せませんが、定員に達した後に申し込んできた人には「次回の優先受付チケット」を配ると倍率が出せます。ちなみに、優先チケットは通常の受付期間より数日早く受付期間を設けて運用します。

　Webに関しては、12-1「Webサイトの効果測定と評価」のように必

要ならばかなり細かい分析が可能です。

　上記のような報告をできる限りの機会を捉えてステークホルダーに対してアピールしましょう。「図書館が何をやっているのか、やろうとしているのか」をステークホルダーに理解してもらい、支持を得ることが、ファシリティマネージメント対策になっていきます。

5-2　図書館と社会・行政への働きかけ

　実際には、社会・行政への働きかけには一般利用者が含まれます。本書では、それら図書館への利害関係者をすべて含んで「ステークホルダー」と考えているからです。

　具体的には、上部機関、議員、マスコミ、自館や他館の図書館員、各省庁、地元企業、NPO、NGOの中に地域住民が利用者であるなしに関わらず含まれています。地域住民は、さらに、年配者、若者、主婦、ビジネスマンなど、年齢、性別、職業や社会的身分、図書館利用経験、居住地、Web利用能力・経験などで細かくカテゴライズすることができます。

　一般的にはステークホルダーは、下記のようにカテゴライズすることができます。

- 組織区分：全部署、所管部署、関連部署
- 自治体区分：当該自治体、広域自治体、下位の行政区分、全国
- 性別区分：男、女
- 年齢区分：児童・生徒、青年、中年、高齢者、区分なし
- 社会的身分による区分：児童・生徒、学生、主婦、サラリーマン
- 図書館との関わり合いによる区分：既利用者、未利用者、コミュニティのハブとなる者、職員などの関係者・元関係者

　これらの人々に知らせるべき広報の内容を、明確にすることに留意すべきです。「どのようなことを、何を目的として伝えたいのか」について、まずは検討しましょう。往々にして「知らせるべき話題」よりも

第1部　図書館広報の理論・実践

「知らせることが簡単な話題」を取り上げがちです。
　また、この段階できちんと広報の主旨、発信責任者を明らかにしておきましょう。
　広報の主題としては、一般的なお知らせに加えて、新規のサービスやイベント、提供情報の更新などさまざまな種類やレベルがありますが、ステークホルダーへの訴求内容と目的をシンプルにしておくことが、きちんと伝わる広報の条件と考えてください。

5-3　生涯学習機関としての図書館広報

　公共図書館は、生涯学習機関の中核と位置づけられています。そのため、学習者－学習支援者との関係も意識しておく必要があります。
　まず、学習者の学習動機については、地域の潜在的学習意欲や学習者の把握が必要です。その上で、彼らに対する学習動機の顕在化や学習者の学習レディネス（学習準備）の向上を支援していくことになります。つまり、適切な支援によって「意識レベル」に留まっていた学習者を「行動レベル」に引き上げることが、求められています。学習者が行動に移ってからは、私たちに馴染みのあるレファレンスサービスやレフェラルサービスによる学習支援につなげていきます。
　イメージ的には学習開始前の働きかけと言った方が分かりやすいでしょうか。この支援の中心は広報が担う部分が大きいです。「図書館にはどんな資料があって、どんな支援を受けられるのでしょうか」「自分と同じような課題を抱える学習者は他にもいるのでしょうか」「学習することには意味や価値があることなのでしょうか」など、さまざまな要因で行動に踏み出せないでいる学習者に、学習行動へ向けた適切な援助が期待できます。その意味から考えますと、例えば学習成果の展示を企画することは現学習者の学習の仕上げと次の学習者への働きかけという二つの側面があると言えます。また、学習グループへの参加は生涯学習の行動として有効ですが、図書館のさまざまなイベントや掲示、ソーシャル・ネットワーキング・サービスへの情報発信は、学習グループへの参加のきっかけという効果も期待できます。

5-4 マスコミへのアピール

　マスコミへのアピールとは、つまるところパブリシティ[注13]のことです。図書館の中には「埼玉県高校図書館フェスティバル」の事例のように、驚くほど積極的にマスコミを活用しているところもありますが、多くは苦手意識があるように見受けられます。しかし、自分たちが手がけている活動を広く知ってもらうためには、マスコミとのお付き合いは避けて通ることはできません。

　パブリシティは広告や宣伝とは違い、取材を受けて記事をマスコミ側が書いて報道します。そのため、期待していたことと結果として伝わった内容が異なることはあり得ます。「何時間もTV取材を受けて、放送は1分だった」と期待はずれだったという話もよく耳にします。その一方で、他者による紹介ですから、聞き手は情報の信頼性を高く受け取ってくれます。公衆からの理解、信頼、好感を得るための活動として、図書館独自に行う活動に比べて、圧倒的に広い範囲、広い層に安定して伝達されます。

　さて、マスコミへのアピールつまり報道対策は、マスコミ向けの広報戦略から始まります。特に他の広報と大きく違う訳ではなく、目的、目標、対象者、訴求ポイント、予算を検討します。やや異なるのは、対象マスコミ、時期、広報頻度、いつ頃の時期に重点を置くかという点で、さらにキーワード・メッセージの選択などについては通常の広報より重要になってきます。

　ニュースとなりうる素材としては、下記のようなものが考えられます。

- 独自主催イベント、館内で利用者や学習者の組織・団体が行うイベント
- セミナー、勉強会、講演会、シンポジウム
- 読書月間

注13）報道機関に対して公共とかかわりのある情報を提供し、そのメディアに主体的に報道してもらうこと

第1部　図書館広報の理論・実践

- 募集企画
- 図書館満足度調査やアンケート
- 図書館の出版物
- 定期、臨時、長期の休館
- 耐震工事の実施など市民の関心のある話題

マスメディア別の特性は、以下のようにまとめられます。

新聞ー情報の信頼性は高く、データベースとして永く残ります。なお、取材は単独で行われることが多いです。

テレビー画像、できれば動画が撮れなければ放映に向かないため、カメラマンが中心となる場合もあります。絵になるニュースが優先されるため、事前に連絡してイベント当日に取材してもらう必要があります。後日の取材は好まれません。強い印象を与えるが忘れられるのも早いです。

雑誌ーその号の特集記事が面白いかどうかで売れ方が変化するため、効果が安定しません。取材から発信までに時間が必要なため速報性はありませんが、落ち着いて繰り返し読まれるため深い理解を得られやすいです。

インターネットーここでは報道機関のインターネットサービスを指します。プロの記者が記事を書いているばかりではなく、読者の投稿が盛んに掲載されているため、意外なほど敷居が低いようです。携帯で撮った写真に記事を付けて投稿することができ、専門のコンテストなども開催されています。読者の記事がきっかけとなって取材につながることもあります。

パブリシティは、マスコミ向けプレゼンテーションより始まります。別に記者会見のような派手なことではありません。まずは、A4一枚の資料を作成してプレスリリースをします。「この程度の話題で大げさなことを」と思わずに、小さな話題でも送りましょう。いずれにせよ取り上げるも取り上げないも相手次第です。しかし「どうせ無駄だから」

と送っておかないと何も始まりません。いくつかの記事をまとめて、ニュース枯れの時期にでも、取り上げてもらえるかもしれません。マスコミ送付用のフォーマットを作っておくと、だいぶ労力を節約できますし、こまめに送るようになります。ぜひ作成してください。

　通常のニュースレター（図書館便り）もパブリシティに役立ちます。プレスリリースのようにニュースを特定しないため目にとまりづらいのですが、定期的に送っておくようにしましょう。

　インタビューの設定や編集部訪問は大変効果的です。やはり、ただ単に資料を送付するよりは、説明とお願いをしながら手渡しする方が好印象を与えられます。短い時間では効果などないように感じることもあるでしょうが、何より継続は力なりです。

　この報道資料＝プレゼンシートの書き方については、NHK記者で関西方面でNPO法人向けの広報力向上セミナーの講師を務めていた武永勉氏が、大阪ボランティア協会より『こうだったのかNPOの広報』という書籍を出版しています。内容はNPO向けですが、大変参考になります。

日付
（発信者を記載することもある）

タイトル（見出し文）
キャッチコピー、外部者向けにわかりやすく魅力的な文章になるように心がける。必ずしも正式のイベント名でなくてもよい。
「これぐらいは知っているだろう」という思い込みによる表現は避ける。

概要説明・趣旨要約
発信内容を簡潔に要約する。
無条件に読んでもらえるのは上部1/3までといわれる。ここまでが魅力的でないと、以下の記事本文は読んでもらえないと心得よう。

記事本文
発信の主文になる。簡潔な文章、表現で書く。最初に結論や重要なポイントを持ってくる。日時、場所などデータ部分は、必要に応じて個条書きにまとめ、項目ごとに改行するなど見やすく工夫する（本文の先頭に配置することもある）。

日時や場所などは、段落を分けて別にまとめて記載しても良い。

写真、図表、地図を使用する場合は、意味・効果のあるものを選ぶ。
二次使用の可否、あるいは問い合わせ先を明記する。

問い合わせ先
問い合わせ内容別に複数の窓口がある場合は、わかりやすく記載する。

図5-4-1　プレゼンシート

6章　各種ツールの紹介と事例

6-1　館内の掲示物・スペース

　これまでに広く活用されてきた広報のためのツールとしては、図書館の入り口近辺やカウンター周辺の壁や廊下の掲示板の活用、図書館報の発行、ポスターやチラシ類・パンフレットなどの発行、館内外での企画・展示、自治体広報紙への情報の掲載、マスコミの利用、ビデオなどの視聴覚資料の作成などがあります。団体としては、図書館振興の月や図書館記念日の実施、調査・アンケートの実施と結果の公表、『日本の図書館』、『図書館年鑑』などの図書館関係資料の刊行などがあげられます。これらにWebサイトやメールが加わり、最近ではソーシャル・ネットワーキング・サービスも活用されるようになってきました。図書館の広報活動へのコンピュータやネットワークの導入は、一方で利用者側のIT機器の普及率に連動し、もう一方で図書館の利用者サービスへのOPACやオンディスク・データベース（CD-ROM）、インターネットの利用にほぼ比例するように発展してきました。

　具体的な情報の報知の内容＝コンテンツとしては、図書館の利用方法、新着情報を含む資料の案内、利用できるサービスの紹介、開館日時・行事予定などの図書館利用案内に加え、各種の企画や展示のお誘い、読書を呼びかける内容が多くみられます。また、図書館報などに掲載される内容としては、管理運営関係を意識して図書館の利用統計などの各種統計・分析・報告などがあり、図書館の実態の周知に役立っています。

　読書や図書館、図書館員に親しみを持ってもらい、イメージの向上や利用の促進を図るために、ベストセラーやおすすめの本、エッセーなどを紹介することもよく行われています。なかには顔の見える図書館員を

第1部　図書館広報の理論・実践

めざして、カウンターに出ている職員に限らずに各職員のおすすめの本の紹介を自己紹介＋写真や似顔絵付きで掲載している例もあります。実施している図書館では、利用者と図書館員のコミュニケーションが活発になり、それに伴いリクエストや意見が多く寄せられるようになったという成果が得られたようです。読書の好みはかなり細分化されるため、同じ本を読んだことがある＝同じ好みの人と話してみたいというのは、自然な欲求かもしれません。同様のものをWeb上で行っている場合もあります。

　展示や掲示で気になる点が二つあります。

　一つは、立体的な展示などの見せ方についてです。最近の図書館の展示はかなり進歩したように思います。カラーインクジェット複合機、デジタルカメラ、スキャナーなどのIT機器によりビジュアルを生かしたポスターやチラシが手軽に作れるようになり、著作権フリーの素材集もCD-ROMやダウンロードにより有償、無償を問わず手に入れることができるようになりました。モノクロとカラーで比べると圧倒的にカラーの方が目を引きます。私の勤めていた大学図書館では、以前は新着図書の表紙カバーを外して配架しており、外した現物を利用して掲示を行っていました。先輩は「綺麗なのにもったいないからね」などと言っていましたが、やはりカラーの表紙は目を引いていました。このような現物の展示であれば購入冊数分しか掲示できませんが、カラーコピーであれば複数の掲示を行うことが出来ます。このようにIT機器を使って手軽に制作できるようになった一方で、いわゆる手書きの良さも見直され、両方をうまく組み合わせるようになってきています。

　しかし、見せ方にはもう一工夫が欲しいと思うこともあります。

　せっかくのポスターやチラシ類が乱雑に貼られている例。空いているスペースを見つけて貼ったらしく、最低限度のカテゴリー分けもされていないためやたらと見づらくなっている例。情報量や文章量に関わらず、どんな場合でもA4縦長で印刷している掲示などを見かけることがあります。掲示物を時系列に整理するとか、休館のお知らせのような利用案内系とイベントの告知系、他館や類縁機関のお知らせに分類すると

か、分類ごとにタイトルや印刷する紙の色を変えるとか工夫の余地は色々とあります。

　掲示については書店のディスプレイが大変参考になります。お近くの書店の新刊の棚を見てみてください。なんとか立体的なディスプレイをしようとさまざまな工夫をしている書店があります。新刊の平台だけでなく、背表紙しか見えない書架でも見出し板を使い、机上や棚の天板にカード立てを流用し、あるいはスチレンボードに貼り付けて天井から吊り下げています。これらの商品については、事務用品のカタログの店舗用品やイベント用品に使えそうなものが掲載されていますので、参考にしてみてください。実際の使い方や見せ方の工夫は、熱心な書店に実例を見に行くのが一番です。

　二つめは、階段の壁を使った展示です。一見するとスペースをうまく活用しているように思えますが、問題はないのでしょうか。まず、利用者が階段の途中で立ち止まって見ることを想定しているようですが、メモを取りづらいように思えます。高齢者の方などに危険はないのでしょうか。最大の問題は車いすの利用者は見ることすらできないことです。階段の壁は図書館の室内の印象を整える機能に絞って、詳細な情報を提供するような掲示は避けた方が良いと思います。大型の写真やイラストはいかがでしょう。または、図書館協会などのイメージアップのための大型ポスターや類縁機関のポスターなどの掲示はどうでしょうか。無駄にするにはもったいない大きなスペースなので、有効な活用方法を工夫していただきたいと思います。

6-2　Webサイトの活用

　Webサイトを使った積極的な情報公開をさまざまな自治体が行っています。Webサイトが時間・空間・社会的身分を超えて展開できることや自治体のWebサイトのコンテンツが既存の広報資料を電子化することから始まったため、手軽で安価に実現できたことなどが初期の要因として考えられます。最近では、一般市民のWeb活用の度合い・比重の高まりにより、Webサイトでの広報をせざるを得なくなってきてい

第1部　図書館広報の理論・実践

ます。もちろん、情報公開そのものが、自治体の外部的評価に直結するからという事情もあってのことでしょう。

　Webサイトを活用して広報活動を行う場合には、目的と対象者が重要です。行政改革や情報公開に積極的な自治体のWebサイトと他のWebサイトを比べますと、コンテンツの魅力に明らかな違いがあります。「真に求められている」情報を提供している場合と「この程度出しておけば良かろう」という無難な情報しか提供していない場合の違いではないかと思います。

　図書館のWebサイトの場合は、どうでしょうか。図書館種や規模ももちろんのこと、Webサイトの目的・目標、期待する効果を何にするかによって、展開するコンテンツは変わってきます。これまでは図書館の利用案内や開館スケジュールなどの通知型の広報機能と、OPACを含む情報検索のポータルサイトとして機能してきました。大学図書館ではブラウザ利用の有料データベース（パスワードによる制限や端末IDやIPアドレスによる制限）の入り口として10年程前より活用されていました。

　最近では、メールフォーム[注14]からのレファレンスの受付、記事クリッピングサービス（SDI）や電子書籍の貸出などに活用の範囲が広がってきていますが、これらの多くは従来行ってきたサービスをWebにも展開・拡張し利便性を向上させたものと言えるでしょう（そうは言ってもずいぶんと便利になったものですが…）。

　将来的には、コミュニケーション型の広報機能が発展すると考えられます。図書館と利用者、あるいは利用者同士のコミュニケーションを図書館の持つ機能の柱の一つとして意識する時代が来るかもしれません。

6-3　メールによる広報

メールマガジン（mail magazine）

　メールマガジンとは、略称をメルマガとも言い発行者が登録した購読者に定期的または不定期にメールで情報を配信するシステムです。基本的に一方通行のメディアであり、購読者から情報を発信する場合は、発

行元に投稿するなどして掲載を依頼する必要があります。この点では、古くからあるメーリングリスト[注15]とは大きく違います。

購読がメールという身近なメディアを使うため、また発行元となることが容易なため、広く普及しています。ただし、安易な方法や意識のままでの発信では、情報流出の事故を起こすこともあるため慎重に運営することが必要です。

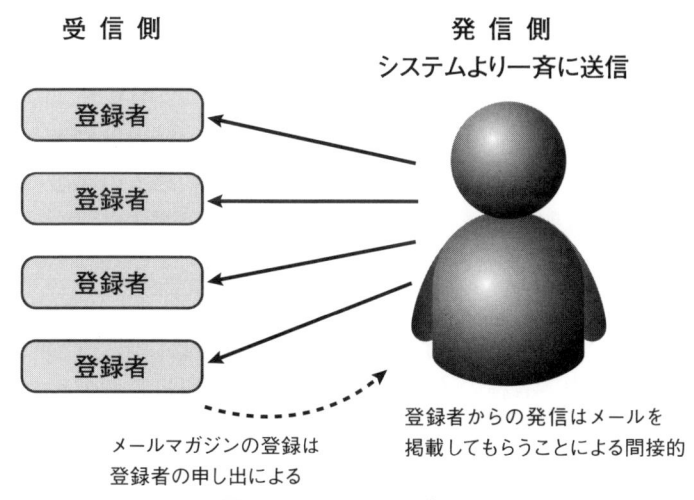

図6-3-1 メールマガジン

発行が簡単なため、企業や自治体のみならず個人で発行する例が多く見られ、その内容も、企業の製品情報や、ニュース記事、話題を絞った読み物、日記（ブログやツイッターに移行しつつありますが）などさまざまです。世界的に見て企業からの発行は一般的ですが、数万もの個人主催のメールマガジンが飛び交うのは我が国ならではといえます。

ここまでメールマガジンが広まった理由としては、プロバイダーがオプションサービスとして提供したり、有料・無料のメールマガジン代行業者が多数出現し選択肢が広がったりしたこと、初期にはパソコン通信

注14）ブラウザ上から送信できるサービス。送信側がメールアドレスを持っていなくても送信でき、受信側もメールアドレスを公開する必要がない
注15）特定の投稿用アドレスにメールを送ることによって、事前に登録されたユーザーが相互に情報交換できるサービス。MLと略される

第1部　図書館広報の理論・実践

時代からのユーザーも多く、貧弱な通信環境の中でも情報を受け取れたことなどが、流行の原因と考えられています。また、メーリングリストに比べるとコンテンツが整理されており、気楽に読める点も支持されたものと思われています。

　購読と解約のコントロールからオプトイン（Opt-in）方式[注16]とオプトアウト（Opt-out）方式の二つに大別できますが、図書館が配信する場合は、配信を希望する側が発行元にメールアドレスを登録するオプトイン方式で購読と解約をコントロールすることが望ましいです。また、バックナンバー（過去の記事）はWebサイト上に公開され、非購読者でも読むことができるようにするのが一般的です（図書館ではあまり考えられませんが、有料のメールマガジンの場合は、過去の記事の公開をしない、あるいは閲覧記事数を制限することもあります）。

図書館のメールマガジン

　公共図書館では、臨時の開館日時や休館や工事などの図書館のお知らせ、新着図書案内、各種のイベント情報、連載記事、地域情報などを載せたメールマガジンを登録した利用者に宛て定期的に送信しています。

　また、最近では利用者の希望するジャンルの新着情報の提供（SDIサービス）も行われ、新しいサービスとして注目を集めています。

　以下に日本図書館協会のホームページの図書館リンク集（http://www.jla.or.jp/link/link/tabid/172/Default.aspx）より、2012年6月13日の時点で目視で確認できたメールマガジンをサービスしている公共図書館のリストを挙げてみます。

　　本の森厚岸情報館（隔月）
　　岩手県立図書館（月1）
　　秋田県立図書館（月2）
　　東京都立図書館（月1）

注16）オプトインはユーザーの許可を得てメールを送る方式を指し、オプトアウトは断られない限りは勝手にメールを送るやり方を指す

6章　各種ツールの紹介と事例

品川区立図書館（月2）
小平市立図書館（随時）
埼玉県立図書館（月1）
県立長野図書館（月1）
福井県立図書館（随時）
若狭図書学習センター（随時）
南越前町立図書館（不明）
小諸市携帯電話メールマガジン（ジャンルに図書館あり、随時）
南アルプス市立図書館（月1）
下呂市図書館（月1）
静岡県立中央図書館（月2）
浜松市立図書館（月1）
春日井市メール配信サービス（ジャンルに図書館あり、月1）
奈良県立図書情報館（月2）
和歌山県立図書館（月2）
加西市立図書館（月1）
大阪府立中央図書館（月2）
大阪府立中之島図書館（月2）
吹田市立図書館（月2）
豊中市立図書館（3種類、随時）
鳥取県立図書館（週1）
岡山県立図書館（月1）
広島県立図書館（月1）
山口県子ども読書支援センター（山口県立山口図書館内、月1）
高松市図書館（月1）
福岡県立図書館（週1）
鹿島市民図書館（週1）
武雄市図書館・歴史資料館（週1）
長崎市立図書館（月2）

第1部　図書館広報の理論・実践

メールマガジンの問題

メールマガジンは早い時期から簡単に配信できるようになったため、多くの図書館で提供されてきましたが、配信方法や情報管理に適切さを欠くと下記のような事故を起こすこともあります。

1. 配信システムの設定ミスやセキュリティ上の配慮不足により、購読者データの管理が甘くなり、各個人の情報が流出してしまいます。
2. メール配信の設定不足により、発行責任者以外から配信されてしまいます。時にはウィルスなどを含むメールが配信されることもあります。
3. 規模が小さい、あるいは簡単に実現したいので、BCCに配信先のメールアドレスを羅列して配信する簡易なタイプのメールマガジンの場合には、ちょっとした操作ミスで配信先アドレスが流出してしまう危険性があります。

このように情報漏洩事故やセキュリティ上の問題を起こす可能性が考えられるため、慎重な姿勢が望ましいです。その多くは前述のような専用のメール配信アプリケーションや配信代行業者を活用することにより回避できます。

SDI（Selective Dissemination of Information）サービス

ここ数年、大学図書館より流行し始めたSDIサービスとは、利用者の嗜好に合わせてカスタマイズした希望のテーマの最新文献情報や図書情報を届ける選択的配信サービスの一種です。大学図書館では希望するテーマの最新文献情報を定期的に検索してeメールなどで配信するサービスが好評ですが、公共図書館では、新着図書や新着雑誌、その他にイベントなどの情報を選んで提供する「お知らせサービス」などとも呼ばれているサービスを行っています。情報提供を行う企業のサービスにはさまざまなテーマや条件からオリジナルのサービスをカスタマイズして受けられるものがありますが、一般的な図書館では複数の限定された

6章　各種ツールの紹介と事例

テーマ・条件からのみ選べるサービスが普通です。

　大学図書館からサービスがはじまりましたが、公共図書館にも広まってきており、県立図書館であればかなりの図書館が行っています。板柳町など町村立図書館で始めたところも増えてきました。地域支援やビジネス支援、また研究支援としての効果があり、マスを対象としたメールマガジンでは配信されないような、または多くの記事の中に埋没して見逃してしまうような細かな情報を効率よく取得できるため、現代型の情報発信サービスといえます。

　せっかく配信しても、携帯でパソコンからのメールを一括して拒絶している場合のように利用者側の迷惑メールの設定により届かないなどのトラブルも起こるため、ある程度は技術的なサポートもできる必要があります。また、著作権上の問題、個人と法人のサービスの切り分けなど解決していかなければならない課題も多いですが、利用者から見ると主体的で、能動的で効率の良いレファレンスサービスとして注目されています。

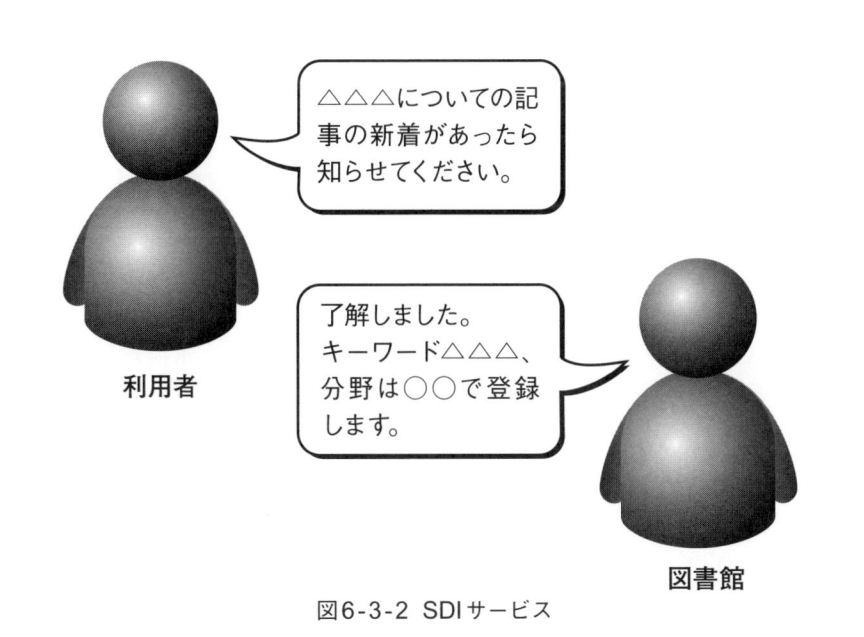

図6-3-2 SDIサービス

第1部　図書館広報の理論・実践

電子メールによる受付

　レファレンスサービスをメールやWeb上のフォームから受け付けるサービスも広まりました。時間、距離などに制限されずに、思い立ったときにレファレンスサービスの手続きだけでもスピーディーに行う事が可能となることで、カウンターでちょっとだけ勇気を振り絞る必要がなくなったのです。

　個人の識別やセキュリティの確保など注意しなければならない点もありますが、多くの利用者に対して、レファレンスサービスの有用性を知ってもらう機会にもなることでしょう。

　ただし個人情報の管理には細心の注意が必要です。手書きの時代でも同じことでしたが、ちょっとした操作ミスでまったく違う利用者に連絡してしまわないか、ノートPCやUSBメモリーに記録したまま持ち出して紛失することはないか、Webサーバ上にセキュリティの低いまま記録してはいないか、業務に使用しているPCがウィルスなどの感染による情報流失を起こさないかなど十分な注意が必要です。これまでのような紙ベースでの業務に比べて、大きな影響や被害をもたらす可能性が考えられます。影響が小さくてすんだとしても決して見過ごせる話ではありません。

レファレンス事例集

　いくつかの図書館のWebサイトには「よくある質問と回答」や「調べかた事例集」などのスタイルでレファレンス事例集が掲載されています。なかには大阪府立中之島図書館のようにデータベース化されて検索が可能となっているものもあります。これは、よくある事例を紹介し、レファレンス業務の簡素化を図っているだけではなく、さまざまな事例を参考にすることにより利用者本人が「調べる・調査する事」への関心を高め、調査能力を向上させることを期待できます。事例の蓄積、掲載する事例の選別など知識と経験が必要となりますが、多くの図書館で積極的に取り組んでいただきたいと思います。

　図書館以外でも協会・学会・研究会・協議会などの事例集が公開され

ています。出版社としては、本書の出版元である日外アソシエーツもWebサイト「レファレンスクラブ」のコンテンツの一つとしてレファレンス支援の中に、「レファレンス事例集」を持っています。

地域情報の提供事例

　収集した地域に関する情報をデジタル化し、Web上に公開している公共図書館があります。以下に、日本図書館協会のWebサイトにまとめられているリストを掲載します。

　地域の新聞記事検索・索引
　　5県立図書館（千葉県立図書館、神奈川県立図書館、富山県立図書館、岐阜県図書館、滋賀県立図書館）
　　5市立図書館（市川市立図書館、東村山市立図書館、立川市立図書館、糸魚川市民図書館、武生市立図書館）など
　郷土関係情報
　　石川県関係人物文献検索（石川県立図書館）
　　「富士山」資料検索（静岡県立中央図書館）
　　地域生活情報データベース（奈良県立図書館）
　　デジタル岡山大百科（岡山県立図書館）
　　ふるさと文献情報検索（山口県立山口図書館）など

一次資料（貴重書などのデジタル化情報）・電子図書館

　古文書や貴重書、貴重な地域資料を所蔵している図書館では、その資料をデジタル化してWeb上に公開しています。

　イーハトーブ岩手電子図書館
　秋田県立図書館デジタルライブラリー
　東京都立図書館のコレクション紹介
　富山県立図書館コレクション紹介（デジタルライブラリー）
　石川県立図書館デジタル図書館

第 1 部　図書館広報の理論・実践

上田市立デジタルライブラリー
静岡県立中央図書館デジタル葵文庫
京都府立図書館貴重書データベース
大阪府立中之島図書館文庫・貴重書
奈良県立奈良図書館所蔵絵図展示室
島根県立図書館デジタルライブラリー（古絵図・古地図・屋敷図）
　「日本図書館協会　公共図書館 Web サイトのサービス」
　http://www.jla.or.jp/link/link/tabid/167/Default.aspx
　サイト Top より　図書館リンク集＞公共図書館 Web サイトのサービス（参照　2012 年 5 月 29 日）

6-4　ブログ、ツイッター、フェイスブックなど新しいツールの活用

ブログ

　ブログ（blog、weblog）は個人の日記としておなじみですが、企業や自治体、図書館からの発信ツールとしても活躍しています。Web 上で日記を付けるツールとしては、掲示板（BBS）の発言機能を保存した形式で以前より行われていました。近年ヒットしているブログは、その後を継いで CMS（Content Management System）[注17]のページを時系列に沿って自動生成する機能を利用しています。ブログには、外部のブログ記事との連携機能やコメント機能などがありますが、これらの機能については設定で停止することができます。
　ブログには長文のテキスト、画像、その他が張り込めます。閲覧者は各ブログを巡回して読むことになりますが、過去ログとして安定して残すことができるため固定した読者に向いています。

注17）コンテンツ管理システムや簡易ホームページ作成サービスとも言い、コンテンツを用意するだけでブラウザ上から操作して Web ページを作成できる。ブログがよく知られている

6章　各種ツールの紹介と事例

ツイッター（Twitter）

「Twitterとは

Twitterは、ツイートと呼ばれる140文字のメッセージから成り立つ情報ネットワークです。これは、興味のあるテーマに関連する最新情報（「いま、なにしてる？」）を発見するのに、新しくて簡単な方法です。

どのように役立つのか

Twitterはあなたが価値があると思える情報を含んでいます。フォローしたユーザーが発信するメッセージは、タイムラインに表示されます。例えるなら興味のある見出しを持つ新聞が配信されるようなものです。今起こっているニュースを発見でき、重要な話題をリアルタイムで知ることができます。」

Twitter社Web「Twitterの楽しみ方」（http://twitter.com/）より引用

ツイートは英語で鳥のさえずりという意味です。日本語では「つぶやき」と説明されることもあります。140文字以内の短い投稿（ツイート）を入力して、フォロワーと呼ばれる読者と共有する発信サービスです。ツイートはWeb上に公開されていますので、その人が非公開設定をしていなければ、ツイッターユーザーでなくても過去ログを含めて読むことが出来ます。

ツイッターを活用した事例としては、「博物館・美術館、図書館、文書館、公民館の被災・救援情報（saveMLAK）」があります。この活動は、非常に有用で有名なためさまざまな媒体で紹介され、よくご存じのことと思いますので、ここではツイッターとソーシャル・ネットワーキング・サービスのスピードと双方向性についての事例としての面のみ取り上げます。

NPO図書館の学校（現・（公財）図書館振興財団）の機関誌『あうる』のインタビュー記事によると、saveMLAKプロジェクトリーダーを務める岡本真氏が3月11日の震災当日に「ライブラリーサービスはいまなにができるか考えようぜ」とツイッターに書き込み、翌日には「savelibrary」のWebサイトの枠組みをつくり被災状況と支援情報についての書き込み

第1部　図書館広報の理論・実践

をツイッター上で呼びかけています。数時間後には図書館関係者などによる有志の参加者と情報提供者が続々と集まり始めました。

その後、その有用性に注目した博物館などが同様のWebサイトを動かしはじめ、4月1日に図書館（L）、博物館・美術館（M）、文書館（A）、公民館（K）の頭文字を取って合同の情報収集・発信ツールとしてのsaveMLAKが活動を開始します。

未曾有の大災害のさなかにあっての、このスピード感には目を見張るばかりです。

岡本氏の「枠組みさえ作れば後は勝手に進み出す」とは、ソーシャル・ネットワーキング・サービスの本質そのものですが、それが見事に機能したのはその本質を理解、または体感できた人がそれだけいたことを示しているのではないでしょうか。

　　岡本真、山田万知代「ライブラリーサービスは、いま何が出来るか」『あうる』図書館の学校機関誌事業委員会編　No.101　2011.6　p.35-39より

フェイスブック（Facebook）

フェイスブックは友人同士のコミュニケーションツールだけではなく、ビジネスや就職活動でも使われている世界最大のユーザー数を誇るソーシャル・ネットワーキング・サービス（SNS）です。アカウントを登録した人々がネット上でさまざまなコミュニケーションを取れる会員制の交流サイトです。アカウントが実名での登録となるため、ある程度安心して実社会に近い感覚の交流が可能なように考えられています。

記事投稿、メッセージやチャット、アプリ、ニュースフィードなど多彩な機能が用意されていますが、図書館で活用する場合は情報発信が中心となります。一般にSNSは一度始めると夢中になりやすく、他のサービスに比べて利用時間が長くなる傾向があると言われています。

ブログとツイッター、フェイスブックの違い

この似て非なるメディアは、ブログは情報提供、ツイッターは気軽な

6章　各種ツールの紹介と事例

おしゃべり、フェイスブックは厳選したコンテンツであると言われます。

　ブログは誰が見てくれるのか分からない、検索エンジン経由の一見さんもいます。閲覧者が能動的にURLに見に行かなければなりません。文字量も多く、写真なども使えますが、更新の手間はそこそこ必要になります。以上のような特徴から、不特定多数に向けてじっくりと書き上げた情報の提示に使いやすいと言えます。

　ツイッターの特徴は、なんと言っても気軽さ、手軽さにありますが、文字数が140字と限られている上に、画像が1枚しか貼り付けられないなど制限もあります。逆に更新の手間は非常に低いです。閲覧には登録が必要ですが、ツイッターのサイトでまとめてみることができ、ツイートはリアルタイムで表示されます。以上の特徴から、自館利用者に対する日常的な細かい情報の提供に向いています。

　フェイスブックは、読み手がやや限定されます。そのため読み手を意識した内容を投稿したほうがよいです。雑誌のコラムコーナーのような位置づけになるため、文章量はブログよりは短め。更新頻度もやや低めになります。以上のような特徴から、比較的図書館のことを理解しているヘビーユーザーや図書館ファンクラブのメンバー、図書館相互の情報・意見交換に適しています。

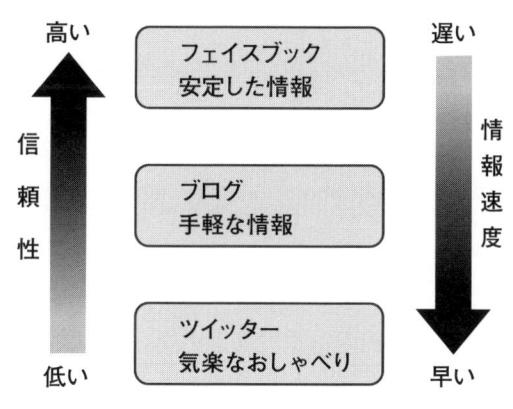

図6-4-1　ブログとツイッターの違い

第1部　図書館広報の理論・実践

6-5　電子書籍の貸出など新しいサービス
電子書籍の貸出
　各出版社、新聞社が対応を始め、電子教科書や自炊業者がニュースで報道され、いよいよ一般の読者の意識するところとなった電子書籍への図書館の対応が始まっています。
　実は、個人での電子書籍の利用は、かなり以前より行われていました。古くは電子ブック、CD-ROMブックと称されて、日本では8cm CD-ROMをメディアとしたソニー社製ブックプレイヤー「データディスクマン」（1990年）が発売された頃から、電子メディアを購入するタイプの電子書籍が大変な話題となりました。ただし、メディアを購入するために書店に足を運ばなければならないため、これまでの書籍との違いが際立たず、話題ほどには広まりを見せずに徐々に流行は去っていきました。
　最近になって、インターネットからデータをダウンロードして利用するタイプの電子書籍が格段に大きな流行になっています。課金制度の確立やコンテンツの増加に加え、なんと言ってもネット経由で簡単にダウンロードできる点が好まれています。また、専用の端末である電子書籍リーダーだけでなく、携帯電話やスマートフォン、タブレット、パソコンなどさまざまな再生機器が利用できるようになり、購入方法や端末の選択肢が増えたことも挙げられます。なお、電子辞書も電子書籍として考える向きもあるようです。

　コンテンツには、ダウンロード型とオンラインで閲覧するストリーミング型の二つがあり、ファイルの形式にもPDFやEPUBの他にメーカー独自の形式も数多くあり、まとまりを見せていません。特に日本の書籍の場合は、ルビ振りや段組のレイアウトを崩さないように再現したり、著作権などの権利関係をクリアしたりする必要などにより、独自の形式が氾濫しました。電子書籍のガラパゴス化を起こさなければ良いのですが…。

図書館では、貸出という概念との兼ね合いを電子書籍のデータに「利用可能な期間」を設定し、貸出期間を過ぎると自動的に利用できなくすることで解決しています。

　千代田区立図書館では、千代田Web図書館においてインターネットを通じて電子書籍の貸出・返却を可能としたサービスを実施し、約3000のコンテンツを提供しています。ただし、専用の閲覧用アプリケーションをパソコンにインストールし、利用者のID、パスワードを申請する必要があります。一般の利用者にとっては、単に便利になっただけかもしれませんが、視覚に障害を持つ利用者にとっては、文字の拡大表示や音声による読み上げなど恩恵が大きいです。今後、広まりを見せることと思われます。

電子書籍の発行

　電子書籍のファイル形式としてはPDFやEPUBがよく用いられています。

　多種多様なアプリケーションで作成でき、パソコン環境にも依存しないPDF[注18]は出版物の電子化フォーマットとして、広く用いられてきました。最近なにかと話題の「自炊[注19]」にもPDFが用いられています。PDFはテキスト埋め込みなどの拡張された機能もありますが、基本的には制作時のサイズやレイアウトのままで利用されます。PDFはワープロのWord形式のファイルから簡単に作ることができます。さらに高機能なPDF作成ソフトもいくつも販売されていますので、作りやすいという利点があります。

　一方、EPUBは「epub」「ePub」とも称され、米国の電子書籍標準化団体IDPFが推進するXMLベースのオープン規格で、アメリカなど英語圏における電子書籍用ファイルの標準規格として広く利用されています。XHTMLと同じ特徴を持ち、ダウンロード配信を前提にしている

注18）アドビ社が提供するプラットフォームを問わずに多様なコンピュータで利用できるドキュメントファイルの形式
注19）自分で書籍や雑誌を裁断・スキャンし、デジタルデータにすること

第1部　図書館広報の理論・実践

ため、使用する機器の画面の大きさに合わせて表示を調整する「リフロー機能」を備えています。つまり、閲覧に使用する機器を選ばず、画面サイズが変わっても大きな支障を起こしません。

　EPUB形式のファイルを作るには、テキストと画像を準備し、若干のCSS（Cascading Style Sheets）の知識を必要とするため、ワープロファイルから一発で変換できるPDFに比べると、やや敷居が高い点が欠点と言えます。しかし、電子書籍の流行に伴い各種のテンプレートが準備されるようになってきました。作成アプリケーションも増えてくるでしょうから、今後急速に作成の環境が整ってくると思われます。

　これまで、図書館報・図書館便りなどはPDFで作られ、Web上でも公開されていました。たしかに、同じものを印刷して配布するわけですから、Word→PDF→印刷・Webで公開の流れは理解できます。けれども、CSSには印刷用のフォーマットを別に用意することもできます。利用者から見るとEPUBによる電子書籍は閲覧・検索に一定の利点があり、図書館は最新の技術を取り入れているという宣伝効果も期待できます。

　電子書籍を読むには、専用端末、スマートフォン、パソコンなど電子書籍リーダーが必要なため、すべての利用者に提供できないという欠点があります。そのため、今すぐに全面的に乗り換えるということはできません。また、制作に余分な一手間がかかります。しかし、将来的な電子書籍による図書館報・図書館便りの公開を検討してみるのも良いかと思います。

第2部

図書館Webサイトの構築

第2部 図書館Webサイトの構築

7章 Webサイト作成の実際

7-1 Webページの仕組みと作り方

インターネットは、情報のまとまった各Webページ同士をハイパーリンク[20]という仕組みを利用して、蜘蛛の巣（Web）状につなげていると説明されます。

Webページの表示の仕組みは、来訪者のPCのブラウザ（Internet Explorer、Google Chrome、Firefoxなど）と、HTMLファイルと依存ファイル（CSSや画像、動画など）が格納されているWebサーバとのやり取り（作業の指示とダウンロード／アップロード）で成立しています。ブラウザは、Webサーバに対して必要なHTMLファイル[21]を請求し、ダウンロードしたHTMLファイルと関連づけられたCSS[22]や画像、動画などの依存ファイルを解釈してPCのディスプレイに再現するアプリケーションです。

ここでやり取りされるHTMLファイルは、Webページを作成者のPC上で作成してWebサーバにアップロードする場合とWebサーバ上で直接生成する場合とがあります。後者をCMS（Content Management System）と呼び、身近で代表的なCMSを用いたサービスにはブログ（blog）があります。CMSではWeb作成のための特別な知識・スキルはほとんど必要ではなくなり、優良なコンテンツを作成する能力の方に比重が置かれるようになってきています。

注20）HTML等のハイパーテキストで使用され複数の文章やコンテンツを結びつける参照の役割を担う
注21）7-2　HTMLとCSS参照
注22）7-2　HTMLとCSS参照

下図は、Webページを作成するパソコンとWebサーバ、閲覧するパソコンとのやりとりを模式化したものです。図の右側がWeb作成者側、中央はHTMLファイルなどのWebデータを格納するWebサーバ、左側がWebを見に来る利用者の側を表しています。

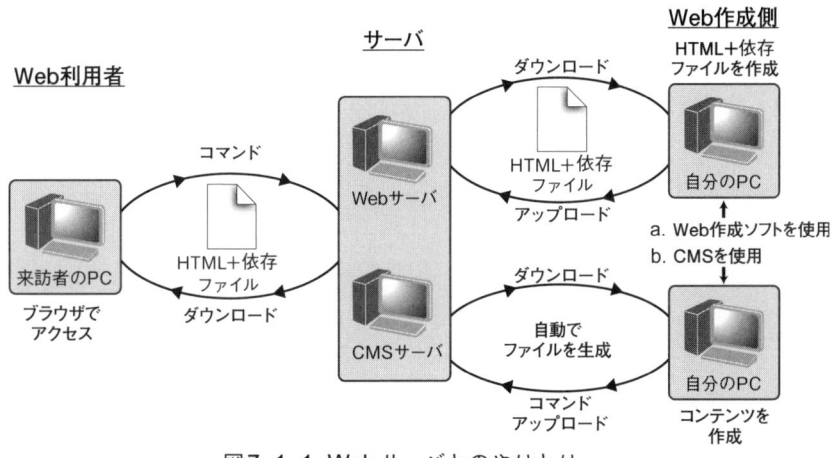

図7-1-1 Webサーバとのやりとり

　図書館などの組織であればシステム管理部門、個人では契約しているインターネット接続業者（プロバイダー、ISP：Internet Service Provider）などが管理しています。サーバとは、他のコンピュータに対して、何らかのサービスを提供するコンピュータのことを言い、Webサーバとはアパッチ（Apache）などのWebサービスを行うプログラムが作動しているサーバのことを指します。Webサーバは、ブラウザからURLを指定されて送られたコマンドに応じて、HTMLファイルなどを引き渡したり、CGIスクリプトやJava Servlet（サーバ側で実行されるプログラム）などのWebページ上の動的処理を実行したりします。多くの場合は専用ではなく、同じマシンにCMSサーバやメールサーバなど、インターネット関連の他のプログラムも動いています。

第2部　図書館Webサイトの構築

a. 図右半分　Web作成ソフトなどを使用する場合
　①自分のPCでHTMLファイルと依存ファイルを作成
　②作成したファイルをWebサーバにアップロード
　③必要に応じて転送したファイルの設定（公開）のためコマンドを送ります

b. 図右半分　CMSを使用する場合
　①CMSを自分のパソコンのWebブラウザで呼び出します
　②Webページ作成画面でコンテンツを入力
　③保存して公開します

図左半分（共通）
　④WebサーバはHTMLファイルと依存ファイルを格納し、閲覧要求に備えます
　⑤来訪者のPCのブラウザがサーバにHTMLファイルを要求（コマンド）
　⑥Webサーバが該当するHTMLファイルを検索
　⑦該当するHTMLファイルを来訪者のPCのブラウザに転送（ダウンロード）
　⑧転送されたHTMLファイルをブラウザが解釈して、サーバに依存ファイルを請求
　⑨必要なファイルが揃った時点で、ディスプレイ上に表示が完了します

Webサイトの仕組みと作り方

　Webページは、マークアップ言語[注23]であるHTML（Hyper Text Markup Language）ファイルやXHTML（Extensible Hyper Text Markup Language）ファイルとデザインをコントロールするCSSファイルなど

注23）プログラムの一種で、文章の構造やデザインについての指定を文章とともにテキストファイルに記述するための言語

で記述されています。これらをWebブラウザに読み込んで利用します。パソコンや携帯端末などハードウェアやOSは各種ありますが、Webブラウザを使用する限りハードウェアやOSの差を超えて同じHTMLを利用することが可能となります。ただし、ブラウザの種類やバージョン、端末の環境で見え方には少々違いが生じます。

XHTMLは、HTMLをXMLに適合するように定義し直したWebページ記述用のマークアップ言語で、ユーザーが独自に定義したタグを使用してWebページに高度な機能を持たせることが可能となっています。タグ名がすべて小文字に統一される、XMLベースの他の言語（MathMLやSVGなど）による記述を埋め込める、必ず終了タグを書く必要があるなどの違いがあります。XHTMLはHTMLの発展系であるため、以後、特に断りがない限りはHTMLで統一して記述します。

基本の流れとしては、以下のようになります。

①文章原稿（テキスト）を作成します
②レイアウトのイメージ（ワイヤーフレーム）を決めます
③HTML・XHTMLのバージョンを決めます
④HTMLタグでページの構造を指示します
⑤<div>や<span>のタグ付けをしてベースの見栄えを整えます
⑥id属性やclass属性で各部分に名前を付けて、CSSのセレクタを設計します
⑦CSSでスタイルを指示します

①でコンテンツを作り、②③で作成の下準備を行い、④でページの構造の指示とコンテンツを書き込み、⑤⑥⑦でデザインを設定する
このような流れで、ページを作成します。CMSの場合においても私たちの意識しないところでプログラムが自動的に行っています。

デファクトスタンダードの弊害とWeb標準

日本でインターネットの商用利用が始まってから10年近くの間は、

第2部　図書館Webサイトの構築

　HTMLの規則はかなり混乱していました。「デファクトスタンダード＝事実標準」という言葉を耳にしたことはあるでしょうか。インターネットやコンピュータの世界ではごく当たり前の、そして大変迷惑な概念を指します。私は「広まったもの勝ち」と説明しています。コンピュータのように進化や変化の早い分野では、次々に新しい技術、製品、サービスが出現します。国際間や国家で標準を決めるのが追いつきません。結果として、先に受け入れられ、広まったものが事実上の標準として認められ、後には国際規格の元として採用されていきます。広まっていくためには、すぐれた技術や販売戦略に長けていることと、多少のタイミングの良さが必要なことでしょう。もちろん、自らの規格がデファクトスタンダードを獲得した企業は大きな利益と業界での力を得ることになりますので、そこには激しい競争が起きます。

　HTMLの仕様についても、当初はNetscape Navigator（Netscape社）とInternet Explorer（Microsoft社）が熾烈な競争を行いました。価格など入手性も競われましたが、相手よりも少しでも優位を獲得しようと、HTMLに独自の機能を付け加えていきました。どちらの陣営もWebに関する標準化団体のW3C（World Wide Web Consortium）を無視して勝手にHTMLを拡張していき、その結果としてマークアップ言語としてのHTMLの仕様は定まることがなく、いわば方言だらけになってしまいました。

　Internet Explorerが圧倒的なシェアを握ることにより、いったんは収まったブラウザ戦争ですが、こんどはFirefox、Google Chrome、Operaなどの間で、W3Cが勧告するWeb標準仕様にどれほど準拠しているかを武器に新たな争いが巻き起こっています。

　Web標準（Web Standards）とは、国際的な標準化団体によって定められた、Webで標準的に利用されている技術や仕様の総称をいいます。
　「ユーザーのスキルや環境等に影響されずに、平等に情報を得られる環境を作ること」を目指しています。いくつかの考え方があるようですが、現状ではW3C勧告（W3C recommendation）が、もっとも標準

的なものと受け止められています。

　「いかなる利用者でも平等に」は、概念的にはWebアクセシビリティという考え方で実現され、マークアップ言語的にはHTML／XHTMLとCSSを使い、文章の構造とデザインを分けて、記述することが考え出されました。文章の「章－節－項」にあたる構造を指示しているHTML／XHTMLと文章のデザインを指示するCSSを切り離し、別々に作成します。CSSはいくつかのシチュエーション別に複数用意して置けばよいという考え方です。表示用と印刷用の二つのCSSを準備してあることはよくあります。皆様もページ上に印刷用のアイコンが用意されているのを、見たことがあると思います。

7-2　HTMLとCSS

HTMLの概要

　HTMLは、タグと呼ばれる〈　〉で囲まれた簡単な文字列で命令文が構成されている一種のプログラムです。以前はテキストエディタやHTMLエディタ、ワープロソフトなどを用いて記述されていましたが、最近では簡単な操作でページを作ることができるWeb作成ソフトを使用することが多いです。CMSを利用する場合は自動で生成されるため、ほとんど意識することはありません。

簡単なHTML

　HTMLファイルを見てみましょう。テキストエディタでファイルを開くか、代表的なブラウザであるInternet Explorerであれば、メニューバーの<表示>－<ソース>の順にクリックしてみますと、次のようなHTMLファイルの記述が表示されます。

HTML文の構造

　HTML文はページの構造とコンテンツ（テキスト文）を示しています。

第2部　図書館Webサイトの構築

`<!DOCTYPE html PUBLIC "-//W3C//DTD XHTML 1.0 Transitional//EN" "http://www.w3.org/TR/xhtml1/DTD/xhtml1-transitional.dtd">`	ドキュメントタイプの宣言文
`<html xmlns="http://www.w3.org/1999/xhtml" dir="ltr" lang="ja">`	
`<head>`	ヘッダ部分の開始
`<meta http-equiv="Content-Type" content="text/html; charset=UTF-8" />`	
`<link rel="stylesheet" type="text/css" href="template.css" />`	cssの指定
`<title>`ページタイトル`</title>`	タイトル部分
`<link rel="stylesheet" href="../style1.css">`	スタイルシートの設定
`</head>`	ヘッダ終了宣言
`<body>`	本文開始宣言
`<!--body ～ /body`に利用者に見せたい実際のコンテンツ部分が入ります`-->`	コンテンツ本体
`</body>`	本文終了宣言
	HTML終了宣言

＊例では「テキスト本文」は省略しています

図7-2-1　HTMLの例

　`<html> ～ </html>`　ドキュメントタイプ（文章型）の宣言　html文であることを表します

　＊`<html>`はページの最初、`</html>`は最後に記述

　`<head> ～ </head>`　ヘッダ情報（制作者、対サーチエンジン向けキーワードと説明、タイトル、スタイルシートなど）を記述

　`<body> ～ </body>`　本文（body）---ここがWebページとして表示されます

　タグは、`<html>`と`</html>`、`<title>`と`</title>`のように基本的に2個セットで用いられます。

CSSの概要

　HTMLではページ（＝コンテンツ）の構造を指定しますが、CSSでは情報のレイアウトやデザインを指定します。HTML文書にCSSを適用する際には、個別に指定していては各HTML文書に直接記述することになるためにWebサイトの更新や調整の際の作業が複雑になります。そのため、一般的には外部CSSファイルにスタイルシートの記述をまとめて記述し、HTML文書には外部ファイルを適用するようにします。スタイルに関する指示（定義）を各HTMLファイルから外部にはき出すわけです。この方式だと、更新時の作業が楽になり、ミスの発生を低減できます。

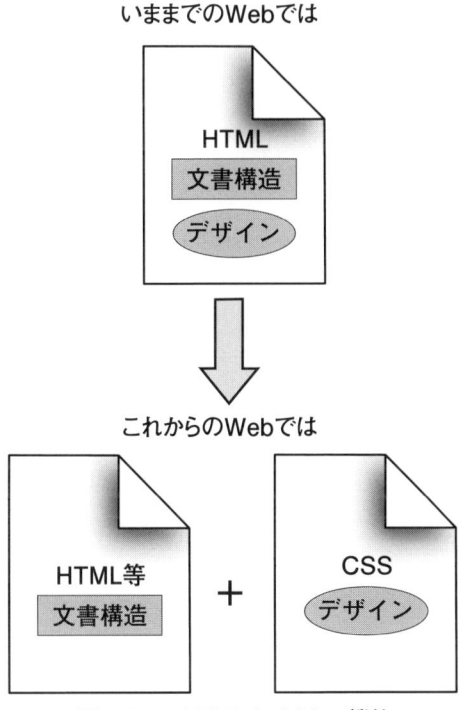

　CSSセレクタという便利なものもあります。HTMLなどの文書のどの要素に、どういったスタイルを適応させるかを、よく利用するスタイルをまとめて整理しておき任意の名称を付けたセレクタという機能を使います。スマートで無駄のないCSSスタイルを指定しやすくなります。また、スタイル指定の重複を抑制することにつながります。

図7-2-2　HTMLとCSSの機能

CSSの基本文例

　セレクタ{プロパティ:値;プロパティ:値}

セレクタ（名）は、スタイルを適用する対象を選択するための識別名です。プロパティは、'font-size'や'line-height'などのレンダリング特性の種類であり、各々のプロパティ部分には設定可能な値が定義されています。

以下は、タイトル行のフォントサイズ別の指定3種類（基本＋高さの違う2種）の例です。

.t2	{;font-size:14px;}	「タイトル サイズ2基本」の指定
.t2h16	{;font-size:14px;line-height:16px;}	「タイトル サイズ2　フォントサイズ（高さ）16PX」の指定
.t2h18	{;font-size:14px;line-height:18px;}	「タイトル サイズ2　フォントサイズ（高さ）18PX」の指定

図7-2-3　CSSの例

なお、CSSの適用にあたっては、記述の標準的な順序があり、順序を間違えると表示が崩れることがあります。また、文書構造やセレクタの種類も関係してくるため、慣れるまでは難しいところがあります。すでに実績のあるHTML&CSSをテンプレートとして利用すると間違いを起こしにくくなります。図書館のWeb担当者がWeb制作に精通している運の良い場合を除き、制作業者に丁寧に作ってもらったテンプレートや市販のWebデザインテンプレートを使用するか、過去に実績のあるページを改変し上書きして活用[注24]することをおすすめします。

7-3　作成のワークフロー

Webサイト作成の手順はどのようなものになるのでしょうか。以下に、自分で作成する場合と外部に依頼する場合の共通するおおまかな手順を説明します。

①コンセプトの決定（Webサイトを企画・設計する）
②コンテンツの用意（テキスト、画像などのパーツの準備）

注24）他者が作ったページの流用は、承諾を得ていない限り著作権を侵害する可能性があるので、注意する

③HTML化（ページの作成）
④アップロードとテスト
⑤サイトの公開と更新
⑥評価と改良

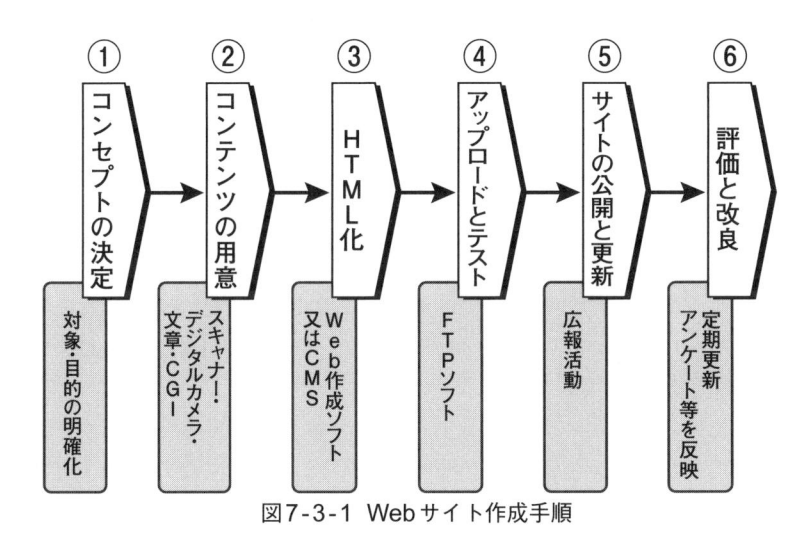

図7-3-1 Webサイト作成手順

①コンセプトの決定：対象・目的の明確化
②コンテンツの用意：スキャナー・デジタルカメラ・文章・CGI
③HTML化：Web作成ソフト又はCMS
④アップロードとテスト：FTPソフト
⑤サイトの公開と更新：広報活動
⑥評価と改良：定期更新アンケート等を反映

①コンセプトの決定とプランニング

　Webサイトを作る上でもっとも初期の作業は、コンセプトの決定とプランニングです。当然のこととして図書館の目標、Web運営の目的に沿って計画します。また、図書館の規模、人員、予算と求める機能、更新頻度を考慮して、自館で作成するのか、専門のWeb制作業者に外注するのか、委託する場合は継続して更新も依頼するのか、テンプレートを元に事後の更新や増設は自館で行うのかを検討します。

　HTML＋CSSで当面は更新を行わないページの作成を依頼し、頻繁に更新するページはCMSのテンプレートのデザインの作成を依頼したうえで更新はCMSで行う場合なども考えられます。

　次に、閲覧者にとって楽しく有用な情報が得られるように、Webサイト全体の構成、構造並びにコンテンツとデザインを検討します。この

第2部　図書館Webサイトの構築

際にユーザビリティとアクセシビリティには十分な配慮が必要です。また、Webサイトは常に新しい情報の提供を期待されるため、ページの更新が容易であり、更新による全体の構成のバランスや、統一イメージが崩れないように工夫しておきます。Webサイト内の各ページのワイヤーフレーム（大まかなパーツの配置）もこの段階で決定しておきます。

②コンテンツの用意

　Webサイトのコンテンツは、テキスト、画像、動画、音声、プログラムなど、およびリンクから構成されています。自館のスタッフで作成する場合は、ホームページ素材集やテンプレート集の市販品が販売されているので活用しましょう。また、Web上に無料（フリーウェア）や安価（シェアウェア）で利用できる素材も公開されています。ただし、フリーウェアやシェアウェアの利用に当たっては、利用規程を遵守する必要があります。

　画像はデジタルカメラを活用することが多くなってきていますが、事前に撮りためておかないと同じ季節感の写真ばかりになりかねません。例えば、秋～冬に集中して撮影すると長袖で暗めの色合いの服装で揃ってしまいかねません。また、撮影にあたってはモデルを使用するなどし、一般利用者の写り込みに十分注意する必要があります。

　写真を撮影すると普段は気にしないで過ごしてきたカウンターの後ろの棚などが、意外なほど乱れていることに気づくことがあります。何気なく置きっぱなしにした段ボールや紙の束などはたまっていませんか。身近な風景には慣れて気にならなくなってしまうようです。ちなみにパソコンのディスプレイ上では気づくことができず、印刷して確認してようやく気づくこともあります。良い機会なので思い切って整理整頓も済ませてしまいましょう。

　外部に依頼する場合は、図書館の側でテキスト原稿や画像を準備するケースとライターやデザイナーに執筆してもらうケースとがあります。依頼する場合は、詳細に打ち合わせを行い、十分な資料を用意しておかないと、こちらの意図が正確に伝わらずに曖昧な表現や不十分な表現に

なることもあります。相手が図書館を利用した経験が十分にあるとは限らず、図書館の理解が不足している場合も考えておいた方が良いでしょう。この程度なら分かっているだろうと思い込まないことです。

デジタルカメラの画像にも高解像度や背景をぼかすなどの効果を要求されますが、最近のコンパクトデジタルカメラの性能向上はすばらしく、十分なものが撮影できます。ただし、一眼レフデジタルカメラの性能には適わない面もあります。特に外付けフラッシュの性能は段違いです。

③HTML化（コーディング）

ページ毎の文章・画像などの素材が揃ったら、いよいよHTML化[注25]です。最近のWeb作成ソフトでは、ワープロと同じような感覚で作成できタグを意識する必要はありません。対話形式で初心者向けフォームに文章や画像を指定するだけの「お手軽作成機能」も用意されています。更新や追加であれば②と③を同時に行っています。

CMSではデザイン的な自由度は制限され、一般的には事前に用意したテンプレートによって各ページのデザインが決まります。テンプレートによって統一したイメージ、ナビゲーション[注26]を確保します。

④アップロードとテスト

完成したHTMLファイルをWebサーバ上に用意されたスペースにFTP（File Transfer Protocol）ソフト[注27]を使って転送します。個人のWebサイトの場合は、転送までホームページ作成ソフトまかせで意識せずに行えます。企業や自治体の場合は、安全を確保するためにより慎重な方法になっていることもあります（転送できるPC端末が決まっている、FTPよりセキュリティ性の高い転送ソフトしか使えないなど）。

転送後は必ず動作確認を行います。まず、転送をし損なったファイル

注25）ドキュメントにデザインやリンクを指示するマークアップ言語を組み込み、ブラウザで利用できるようにすること
注26）ユーザーが迷うことなく目的のページを見ることができるように現在位置を把握して、目的のページにたどり着けるように道案内すること
注27）ファイルを転送するために使うソフト

がないかどうかのチェック、全体のデザインの統一、内外のリンクが正しいか、CGIやJavaなどのプログラムの動作などを一つ一つ確認します。また、閲覧者の探索行動にマッチしているかどうか、さまざまなパターンを想定して慎重に確認する作業が必要です。できれば、一般利用者と同等の立場の人にユーザビリティテストを行ってもらい、想定のミスがないかを確認すると良いでしょう。特に、Topページ以外の下位のページから閲覧を始めた場合でも、最短の経路で必要な情報にたどり着けるかは、公開後も閲覧者の行動を予想しつつ、大規模な更新の度に評価しておく必要があります。

また、WebページのPC環境によって変わるため、別のPCやブラウザからも確認する事も忘れてはなりません。転送にかかる時間もチェックしましょう。図書館の中の端末＝LANの内部からなら十分に素早く表示されたのに、帰宅して念のために自宅のパソコン＝LANの外部からアクセスしてみたら遅くてびっくりしたという笑えない話もあります。

⑤サイトの公開と更新

無事に公開できたとしても、それだけですべての閲覧者がすべてのシチュエーションで満足してくれることは期待できません。利用者が楽しめるコンテンツや必要とする情報を提供し続けなければなりません。公開後は常に新しい情報を追加し、特にインターネットの特色の一つでもあるインタラクティブ性（双方向性）を生かす努力を払う必要があります。固定的なファンの獲得や図書館への理解を深めてもらうために、館員によるブログ、ツイッター、フェイスブックによる発信もよく見られるようになってきました。

⑥評価と改良

公開すると通常の運営と同時に評価作業がはじまります。利用者は事前にこちらの意図した行動を取っているのか、Webサイトの構造やナビゲーションは適切なのか、そもそも利用者のリクエストと提供してい

る情報は一致しているのかなど、評価すべき点は多数の項目でチェックを行います。日常的な観察で評価できるもの、ある時期に一斉に行う評価などさまざまな結果をWebサイトに反映していく必要があります。外部に委託して作成したサイトであっても、簡単な改良であれば更新と同時に自館で行うことは可能です。大きく変えなければならない場合や、自分たちで行うことが不可能な場合は再び委託することになりますが、そのための費用を事前に見積もり、該当年度の予算に組み込んでおく必要があります。当初より継続的な更新と改良を行う旨を計画に組み込んでおき、理解を得ていないと難しくなることもあります。

7-4　作成のスタッフ構成と役割分担

　Webサイトの構築作業には、Webデザイナー以外にもプロデューサー、ディレクター、プランナー、エディター、エンジニアなど、さまざまな役割の人たちが参加します。これらの仕事は「プロジェクト」として構成され進められます。その分担は企画、進行、制作に分けられ、担っている役割・仕事の区別が明確で、責任と権限がハッキリしていることが望ましいです。ただし、小規模なWebサイトの場合は、Webデザイナーが一人で作業をこなすことも珍しくはありません。

　大規模、小規模、外部依頼、自館で制作、いずれにせよ下記のような役割を担当する人材が必要となります[注28]。

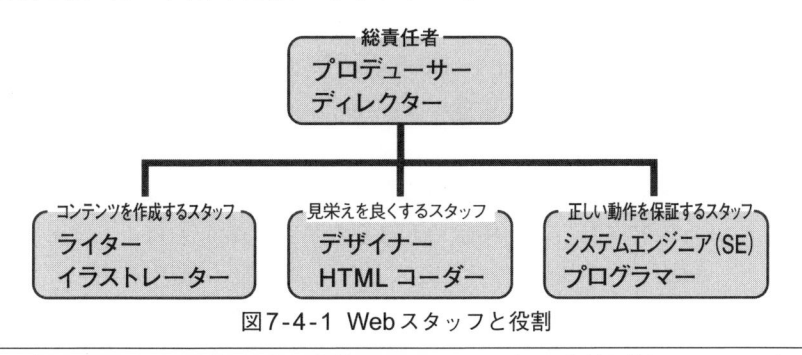

図7-4-1　Webスタッフと役割

注28）Webサイトの規模や更新の作業量によってそれぞれの役割を兼任したり、一人で行ったりすることもある

第2部　図書館Webサイトの構築

①プロデューサー/ディレクター
　　全体や各部門の総責任者として指揮・監督を行います。管理職があたる場合もあれば、スキルのある実務担当者が担当する場合も考えられます。
②ライター
　　各ページのタイトルや本文の執筆を行います。Webページでの読みやすい文章は印刷物とは異なるため、必要な能力と経験を持っている事が望ましく、また正確で理解しやすい表現のためには、図書館をよく理解していることが必要と言えます。
③デザイナー
　　Webサイト全体のデザインや各ページで使用するイラストやアイコン、写真・動画などの視覚的なコンテンツの作成を行います。同一人物が⑤のHTMLコーダーを兼ねる事もあります。
④システムエンジニア（SE）
　　コンピュータシステムの調整、データベースやCGIやJavaなどのプログラムを必要とする動的なコンテンツの作成を担当します。必要に応じてプログラマーの管理を行うこともあります。ただし、Webサイトの機能によっては不要です。
⑤HTMLコーダー
　　大規模なWebサイトを構築する場合に必要とされます。デザイナーの仕事を受けて、HTMLやCSSを担当し各担当から受け取った材料を最終的にWebの形に仕上げる役割を担います。小規模の場合にはデザイナーが兼ねることも多いようです。

　自館で作成する場合には、部門ごとに担当ページを割り当てて作業することがありますが、その場合でも必要な作業に変わりはありません。ただし、Webサイトを担当できる人員は可能な限り複数養成しておくと急な異動があっても安心です。
　プロデューサー役の職員がプロジェクト全体を指揮し、各部門の担当者にディレクターと②と③のみを担当させる場合と、⑤も担当させ

てHTMLファイルを作成させる場合があります。作成を開始する時点で各人にどの程度のスキルがあるのか、スキルの養成に時間とコストをどこまでかけられるのかなどによって、任せられる作業は変わってきます。Webサイト完成後はWebのワーキンググループの一員として更新作業にあたることが予想されるのですから、可能な限りのスキルアップ・研修を計画しておきたいものです。

　図書館の各部門で実施しているサービスや業務に関する深い理解が必要となるため、Webサイト作成のプロジェクトには、アドバイザー的な立場でも良いので各部門から最低一人は参加することが望ましいです。また、折々で各部門に経過を投げかけてチェックや修正、追加のアイデアをお願いする方法も有効でしょう。

　全体を通して企画やマニュアルを文章化し、共有しておきます。マニュアルは一度作って、できあがりではなく、作業上の注意点・確認事項なども明確になり次第、書き加えていきましょう。担当者が変わってもWebサイトの一貫性を維持できるように、基本的な項目に関しては必ず文章化しておく必要があります。もちろん複数の館で共有することもできます。

7-5　Webデザインの基本姿勢と三つの特色

　Webデザインは、単純にページを作ることだけではありません。Webサイトの目的に合わせて、誰が見ても意味を理解できるようなアクセシビリティ（可読性）[注29]を確保し、視覚的な表現を適切に管理、さらにユーザビリティ[注30]を向上させるなど必要な要件に対応しなくてはなりません。ここでは、まずWebデザインを行うにあたっての基本を説明します。

　Webサイトは「文字中心」「グラフィック重視」「操作性重視」の三つに大別できます。

　長文のテキストが中心となる「読ませるWebサイト（機能）」は、文

注29）8章 Webサイトのユニバーサルデザインを参照
注30）8章 Webサイトのユニバーサルデザインを参照

第2部　図書館Webサイトの構築

字列の見やすさや読みやすさが必要です。ファッション系企業や新製品のプロモーションなどの「見せるWebサイト（機能）」は、画像や動画のグラフィックデザインとしての質の維持が重要となります。図書館のOPACのような操作性重視の「使わせるWebサイト（機能）」は、ユーザビリティ（使いやすさ）を優先しなければいけません。

　これらの三つの機能には、相互排他性がある訳ではなく、いずれのサイトも三つの要素を持ち合わせていますが、重視するポイント、優先順位が異なっていると理解してください。特に「読みやすさ」の順位はどのWebサイトでも高めに置かれます。

　それぞれのWebサイトの目的に合わせて重視すべきポイントを設定しないと、目標が達成できず、良い評価は得られません。特に図書館のように「明確な目的」を持って来訪するユーザーの多いWebサイトでは、情報を誰でも、スマートに、正確に入手できるようなWebデザインが必要とされます。

7-6　公開後の管理と更新

　Web作成ソフトなどを使いHTMLを直接更新する場合でも、HTMLやCSSについて理解しておくことは役に立ちます。最近のホームページ作成ソフトの操作は驚くほど便利になっていますが、デザインの細かな修正は、HTMLやCSSの記述そのものを編集した方が効率が良く、思った通りの出来映えになります。必須とまでは言いませんが、少しずつチャレンジしてみてはいかがでしょうか。

　また、特にWeb制作業者に作成させたWebサイトに自館で作ったページを追加する場合に発生しがちですが、双方に明らかなレベルの差が生じることがあります。素人が作ったページだけを見てもあまり実感できないかもしれませんが、プロの作ったスマートなページとアマチュアが頑張って作ったページを並べてみるとその違いが一目瞭然なことがあります。その両方が混在したWebサイトを見せられた利用者は、違和感を感じるかもしれません。

　更新時に利用できるようにCSSなどでテンプレートのページなどを

用意させておき、可能な限りデザイン性の低下は避ける工夫が必要です。テンプレート内のデザインは素人が行うため、必ずしも十分とは言えませんが、意外なことに「司書さんが頑張っているページ」の印象は悪くないことが多いようです。児童コーナーや学校図書館のポスターなどの手作り感いっぱいの掲示物や展示物の受けが悪くないことを思い起こしてください。「一生懸命さは伝わる」ということです。

　一方で、CMSを利用する場合は、テンプレートのイメージから大きく外れることはありません。むしろデザインの自由がきかずに、もどかしく感じることもあるでしょう。CMSに限りませんが、コンテンツのバリエーションを増やすことと全体の統一感を維持することに気を配りましょう。オリジナルのテンプレートの追加も可能ですが、CMSのテンプレートは、簡単な変更であっても意外と難しく、レイアウトが崩れやすいナーバスな面も持っているため、個人が安易に請け負うことは避けた方が良いでしょう。Web制作業者でも作成した業者でないと対応できない場合もあります。

　CMSは更新にあたって高度なスキルを必要としないため、一般の館員が担当することが可能となりました。部門・係ごとに更新担当を置くことも容易ですし、配置転換などにも柔軟に対応できます。これまで、HTMLなどの専門知識に使っていた労力と時間をコンテンツの充実に回すことを心がけていきましょう。Web担当がすべての部門・係から元になる文書や写真の提供を受けてコンテンツを作っていくような時代は終わりつつあります。各部門・係の担当と全体を統括する責任者でワーキンググループを作り、こまめな情報発信を行うように、図書館の意識と体制を切り替えておきましょう。

　なお、いずれの場合においても、言葉の表現や個人情報・プライバシー、内容の適・不適などに注意する必要があります。日常の作業を容易にし、トラブルを避けるためにもコンテンツ作成マニュアルを整備し、明文化しておくことが重要です。

第 2 部　図書館 Web サイトの構築

サーバマシンの管理

　サーバは基本的に止められないシステムです。メンテナンスや障害が発生したような場合でも動作し続け、仮に停止することがあっても、速やかに原状に復旧しなければなりません。もちろん、壊れない方が良いのですが、仮に壊れたとしてもサービスに影響が出ない、最悪の場合にサーバが停止したとしてもデータが復旧できる様に備えておくことが重要です。対応できるレベルに応じて準備する機器類やコストが変わるため、導入時に「どこまで対応するか」について、十分に検討しておく必要があります。

　具体的に考えてみましょう。

　ハードウェア（機器）の管理では、まず故障対策としてサーバマシンやハードディスク（HDD）の冗長化、外部メディアによる自動バックアップ、UPS（Uninterruptible Power Supply）＝無停電電源装置の導入やネットワークの保守管理が必要です。

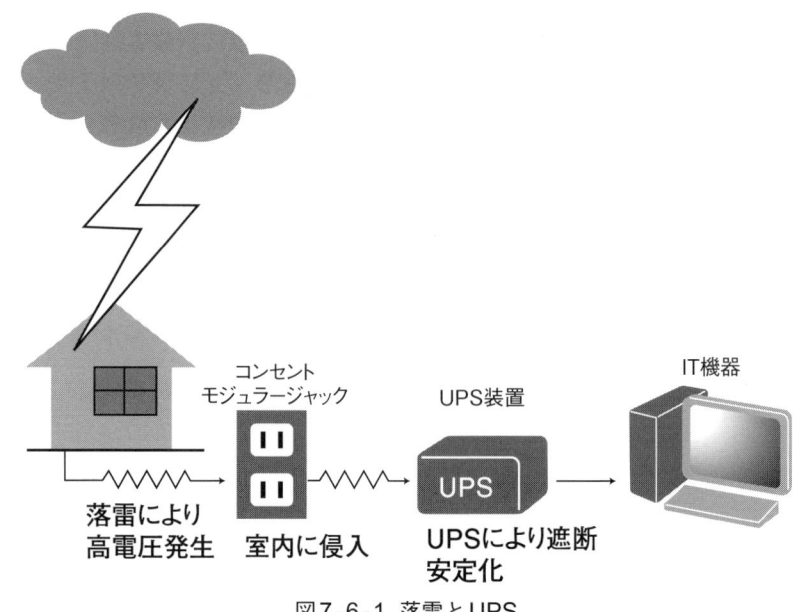

図 7-6-1　落雷と UPS

94

HDDの多重化（RAID）は最優先で行います。非常な高速で回転するディスクを持つHDDは故障する可能性も高く、消耗品として考えてください。衝撃をあたえず、温度、湿度、埃の管理を十分に行っていても、やがては壊れることを覚悟しておくべきパーツです。

対策としては、複数のHDDを並列に使い、同じデータを持たせるミラーリングを利用できるレイドシステム（RAID = Redundant Arrays of Inexpensive Disks）を組んでおくことが有効です。通常、サーバとして使用する程度の機器ならば、RAIDを備えているものと思われますが、導入時に仕様書を確認しておくと良いでしょう。

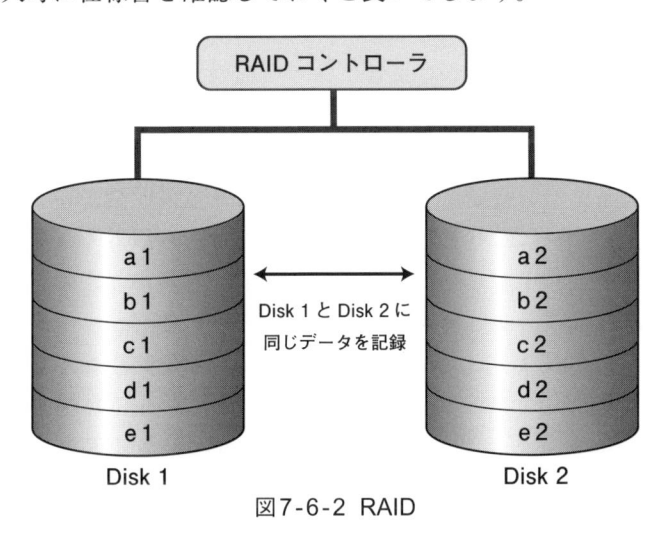

図7-6-2 RAID

RAIDは有効な対策ですが、万全ではありません。そもそも火災などでサーバマシンが丸ごとクラッシュすることもあり得ます。そこで、外部メディアへのバックアップを定期的に行います。バックアップを取った外部メディアはサーバマシンと同じ屋内に保管しない方がより安全です。東日本大震災の経験からは、できればネットワーク上の物理的に遠くにあるデータセンターなどに保管することが望ましいことが認識されつつあります。

UPSは停電対策で設置されますが、落雷に伴い瞬間的に大きな電流

が流れる雷サージにも有効です。雷サージは雷が「ピカッ！」と光った瞬間に蛍光灯が瞬く現象でおなじみでしょう。この現象はコンピュータには大敵です。サーバだけではなく、館内のさまざまなコンピュータや通信機器に十分な対策を施しましょう。

　ただし、UPSでは電力線経由の雷サージしか防げませんので、通信線には別の対策をしておく必要があります。いずれもサージプロテクタと呼ばれる機器があります（UPSには内蔵されていることが多い）が、過信は禁物です。また、サージプロテクタには一回の避雷しか防げない製品がありますので、気づかないうちに無効化していないか、定期的な点検が必要です。

　また、ハードウェアについては、保守契約の内容に注意を払う必要があります。贅沢な出費と考えずに十分な手配が必要です。保守契約は、作業費、交換部品代、出張費などの全額または一部を保証しますが、保守に来館するまでの時間にも関わることがあります。つまり「保守契約しているユーザーには即対応しますけれども、それ以外のお客様の依頼は後回しになります」といった対応をされる場合があります（メーカーも大きな声では言わないですが）。

　図書館には利用者用、事務用のさまざまな機器がありますが、多くの利用者に関わるサーバの故障は速やかに修復する必要があります。Webサーバのプログラムと貸出返却に使う図書館システムや検索に使うOPACのプログラムを同じマシンで動かしている場合などは、貸出返却や予約などの直接サービスに影響が出ることになります。

　ソフトウェアの管理では、OSやWebサービスなどのアプリケーションの維持、データベースの維持、セキュリティの管理、バージョンアップ・修正ファイルの更新などが主です。もちろんウィルスやスパイウェア、ハッカーの侵入に対処するためにも重要な処置です。日常的な管理は、システム担当の図書館員が行い、ある程度の専門的スキルを必要とする部分については、外部に管理を委託することになります。近年では、最低限の管理を図書館側で行い、それを超えるものはメーカーや専門業者のオンラインサポートセンターに依頼し、オンラインで手に負え

なければ担当者が来館する事例や、地域の公共・教育機関でハードウェアとソフトウェア、システム管理を共有する事例が増えてきています。

第2部　図書館Webサイトの構築

8章　Webサイトのユニバーサルデザイン

8-1　Webユニバーサルデザインとは何か

　それなりに充実しているWebサイトで何らかの情報を探した折に「知りたい情報が探せない」「探し出した情報が理解しづらい」「操作がやたらと面倒くさい」「カタカナ語が多くて意味がつかめない」「唐突にアプリケーションをインストールしようとする」「印刷時にレイアウトが崩れる、文字化けも起こる」「文字のサイズが小さすぎる」などなどの、不愉快を感じたことはありませんか。それらはWebユニバーサルデザインが不適切であることによって引き起こされます。

　この本の後半8章から12章では、図書館の広報に大きな力を発するWebサイトの適切な構築について解説します。

Webユニバーサルデザイン

　Webユニバーサルデザイン（Web Universal Design）とは、誰でも公平に、簡単に、身体的・精神的な負担を感じることなく、必要とする情報をスムーズに入手できるようなWebサイトのデザインをいいます。

　利用者から望まれるWebサイトの条件は、まず使いやすいことです。多数の有用な情報を提供できるWebサイトであったとしても、最新の技術が使われていたり、人目を引く派手なデザインであったり、最新のパソコンでしか利用できなかったり、あるいはユーザーから「見づらくて目が疲れる」「どこに必要な情報があるのか見つけられない」と言われるのでは、成功したWebサイトとは言えません。

　Webユニバーサルデザインは、従来言われてきたアクセシビリティ（Accessibility）とユーザビリティ（Usability）の両方にまたがる概念です。アクセシビリティはどのような来訪者であってもWebサイトを

利用することができるかという「利用可能性」を向上させる考え方であり、ユーザビリティはいかに気持ちよく、すばやく必要とする情報にたどり着けるかという「使いやすさ」「利便性」を向上させようとする考え方です。

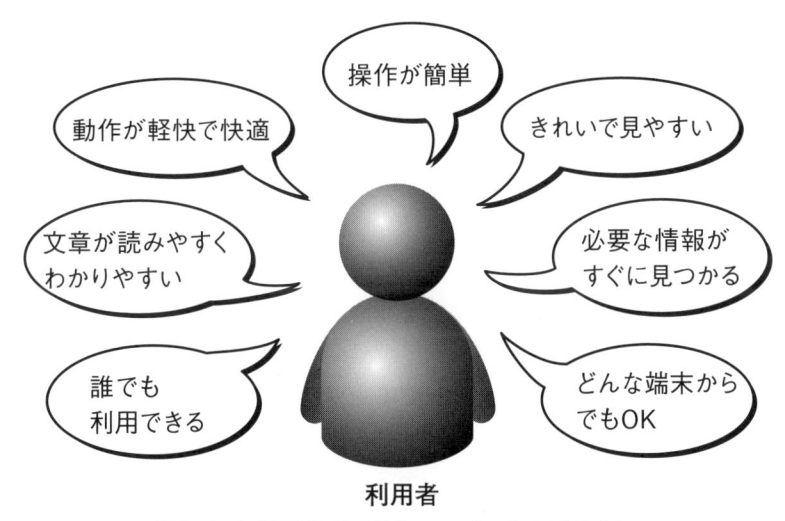

図8-1-1 利用者の要求とユニバーサルデザイン

　Webサイトのアクセシビリティは、これまでは障害者のインターネットの利用が進んだことや、高齢化社会に対応する意味から強く求められるようになっていました。しかし、現在では「基本としてすべてのWebサイトが備えておくべき概念である」と変化してきています。

　一般のWebサイトに比べて、図書館のように公共性の高いWebサイトでは、アクセシビリティとユーザビリティを十分に満足させる必要性が、特に高いことを考えなければなりません。

8-2　アクセシビリティとは何か

　アクセシビリティとは、すべてのWebサイト来訪者を対象とした概念です。図書館という公共性の高いサイトでは、年齢や性別、身体の障

第2部　図書館Webサイトの構築

害の有無に拘わらず、誰もが公平にWebサイトを利用でき、支障なく情報やサービスを入手・利用できることが必要です。

　障害を持つ人々や高齢者が学習や情報を入手しようとする際は、健常者よりもインターネットなどに期待する度合いが高いことを重視すべきです。画面読み上げソフトを活用する視覚障害者や、自分に合った入力・操作方法でインターネットをブラウジングする肢体に障害を持つユーザーなどはよく知られるようになってきています。

　Webサイトには、誰にでも理解でき使いやすい直感的なデザインのナビゲーションが必要です。

　また、アクセシビリティの向上の基本は「選択肢の確保」にあります。各自の条件にあった適切な方法やページを選んで利用します。視覚情報を利用できない利用者向けに、その程度に合わせて、文字を拡大表示する、音声で利用できるように音声読み上げソフトが正しく読み上げられるように配慮する、日本語が苦手なユーザー向けに英語のページを準備する、などは手段を選択できるように用意することの一例です。

　重要なのは、一つのデザイン、一つのページですべてのユーザーを満足させようとしないこと、ユーザーに対して「複数の選択肢」を用意することです。完璧な一つのデザインよりも、選択肢を用意できる仕組み作りが重要な考え方となります。

　以前は、特別な作業と考えられていたWebアクセシビリティは、今日ではすでに特別な作業ではなく、Webの標準仕様の一環だと受け取られています。つまり「やっていることで褒められる」時代は終わり、「やらないと恥ずかしい」時代が到来しています。

以前より行われてきた最低限のポイント
　①画像にはALT属性[注31]を付ける
　②リンクボタンになっている画像のすべてにALT属性を使ってリンク先にテキストで情報を付加する

注31）画像の代わりになるテキストを指定すること

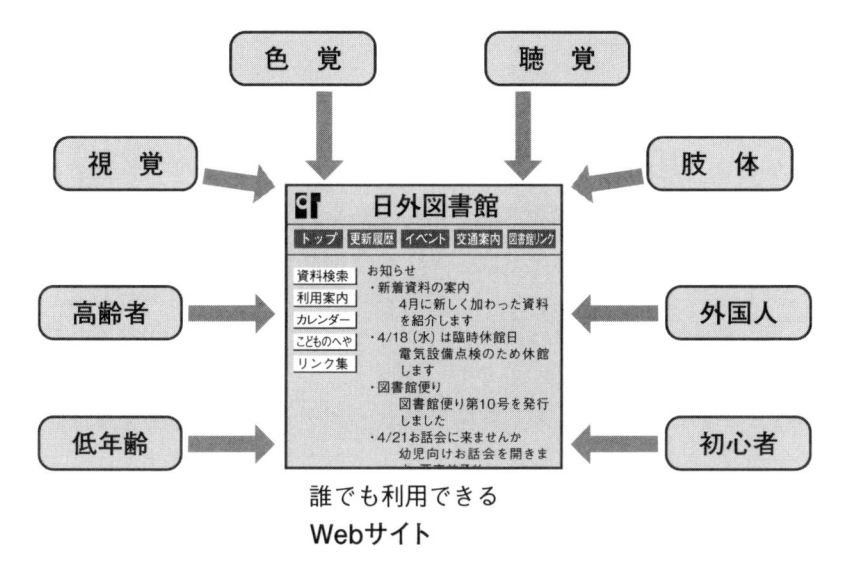

8章　Webサイトのユニバーサル デザイン

図8-2-1　アクセシビリティの概念

③日本語のページでは外国語の乱用をさけて、誰にでも分かるように配慮する
④色によって伝えられる情報は、色がなくても情報が伝わるように配慮する
⑤headに付ける<title>は内容が解るように適切なタイトルを付ける
⑥レイアウトのテーブルは、音声ブラウザで適切に読み上げられるように気をつける

　上記の内、⑥については、新しいガイドラインのWCAG[注32]2.0（Web Content Accessibility Guidelines 2.0）で「レイアウト目的でのテーブルの使用は非推奨」となったため、現在では使用しない方が良いと考えられています。しかし2000年前後まではレイアウトを整えるためにテーブルがよく使われていました。そのため、今でも多くのページで目

注32）ウェブコンテンツのアクセシビリティに関するガイドライン。W3C（World Wide Web Consortium）のアクセシビリティ関連の活動を担うWAI（Web Accessibility Initiative）によって策定された

第 2 部　図書館 Web サイトの構築

にすることがあります。

　作成にあたっては、最新のホームページ作成ソフトを使用していると技術的な面の最低限度のアクセシビリティは確保できます。作成者に確認メッセージで配慮を促す機能を、ほとんどの製品が持っているため、見逃すことも少なくなってきています。また、出来上がったページのアクセシビリティ度を判定するチェック機能を持つ製品も多数あります。むしろ、正しい表現かどうかや、分かりやすい文章かどうかなど、技術面以外の比重が大きくなってきています。

　W3Cが勧告した「ウェブコンテンツ・アクセシビリティ・ガイドライン」の日本語訳が日本規格協会のサイトで公開されています。

　Web Content Accessibility Guidelines（WCAG）2.0日本語訳（http://www.jsa.or.jp/stdz/instac/commitee-acc/W3C-WCAG/WCAG20/index.html）（参照　2012年2月28日）

8-3　ユーザビリティとは何か

　WebユーザビリティとはWebサイトの使いやすさの度合いと理解してください。Webサイトの使いやすさ・使い勝手の良さとは、訪れた利用者がサイトをいかに快適に利用できるか、必要とする情報にいかに快適にたどり着けるかについて、操作のしやすさやページ内の文章やボタン・画像などの各要素の分かりやすさ、サイズ・配置、操作の理解のしやすさ、ページ間移動、各ページの読み込みの軽快さなどから考えるものです。

　WebサイトのWebユーザビリティが向上することで、利用者がそのサイトを訪れた目的の達成率を向上させ、そのために必要とした時間や労力を低減させます。結果として満足度が上がり、再訪問率を向上させることが期待できます。

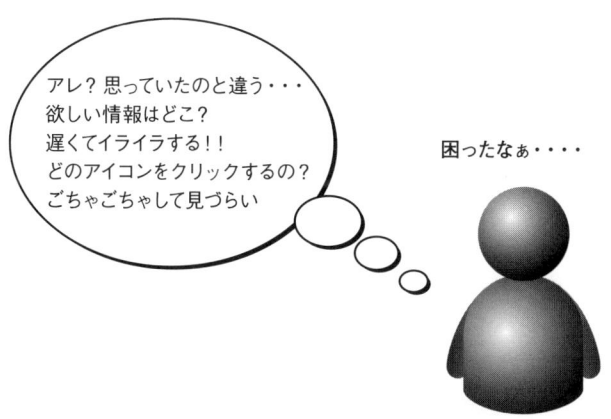

8章　Webサイトのユニバーサル デザイン

図8-3-1　ユーザビリティと利用者の要求

　ウィキペディアで国際規格ISO 9241-11を確認してみると、ユーザビリティを「特定の利用状況において、特定のユーザーによって、ある製品が、指定された目標を達成するために用いられる際の、有効さ、効率、ユーザーの満足度の度合い。」と定義しています。
　電子政府ガイドライン作成検討会がまとめた「電子政府ユーザビリティガイドライン」では、次のように定義しています。

　　「ユーザビリティとは、日本語では「使いやすさ」と訳されます。JIS Z 8521[注33]では、ユーザビリティについて、ある製品が、ある目的のために用いられる際の、「有効さ」、「効率」、「満足度」の3つの要素で定義しています。「有効さ」とは「やりたい作業を確実に達成できるかどうかということ」、「効率」とは「作業を短い時間で達成できるかということ」、「満足度」とは「また利用してみたいと思うかどうかということ」と言い換えることができます。」
　　電子政府ガイドライン作成検討会「電子政府ユーザビリティガイドライン」2009.7　p.4
　　http://www.kantei.go.jp/jp/singi/it2/guide/security/kaisai_h21/dai37/h210701gl.pdf（参照　2012年2月28日）より引用

注33）JIS Z 8521はISO9241-11を和訳し、国内規格としたもの

第2部　図書館Webサイトの構築

どのような情報が求められているのか、提供すべきなのかの検討が重要であることは、図書館のWebサイトも全く同じです。その意味で、ユーザビリティの第一歩としてのコンセプトの決定が重要なのです。

8-4　アクセシビリティとユーザビリティの関係

実は、日本にアクセシビリティとユーザビリティの概念が知られ始めた頃には、多少の混乱が見られていました。

「これを重視するとデザイン面が低下するので、最低限度を押さえておけば十分」「まずは圧倒的に多数を占める一般の利用者に対応するためにユーザビリティを充実させ、余裕があればアクセシビリティを考慮する」「Web上で両立させるのは困難な場面もあるので、その場合はどちらかに比重を置くしかない」、あるいは最近になって出てきた「アクセシビリティはユーザビリティを含んだ上位の概念だ」など多くの考え方があります。発展途上の分野であることや対象者や実現のための技術が重なっていることなど、区別がつきづらいことが事情として挙げられます。

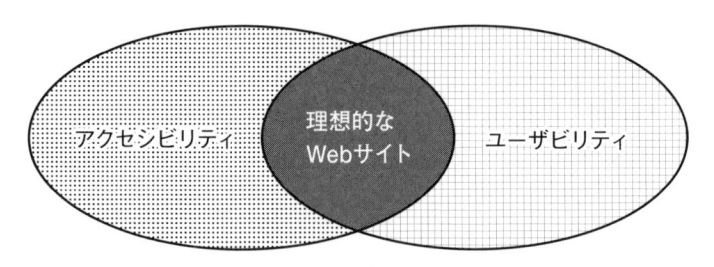

図8-4-1　ユーザビリティとアクセシビリティの関係　古い概念

この混乱は現在に至っても完全には解消されておらず、アクセシビリティとユーザビリティは並列しているととらえる考え方や、ユーザビリティの一要素としてアクセシビリティをとらえる考え方などもあります。

本書では、アクセシビリティとユーザビリティの関係を、まずすべてのユーザーがWebサイトを利用できるようにアクセシビリティを確保し、ユーザーが情報にアクセス出来る環境を整え、その上でユーザビリ

ティを向上させて各ユーザーが快適に、効率よく、結果に満足できるようにすると考えます。

その理由は、一つめは図書館が多様な利用者を対象として情報資源へのアクセスを保証するという任務を持っているためです。そもそもアクセスできないのであれば、いくらユーザビリティが充実していても、その利用者にとって意味がありません。利用者の多様性において多少の違いはありますが、公共図書館と大学図書館では変わりはないと思います。

二つめは、仮にアクセシビリティのためにユーザビリティが低下した項目があったとしても、アクセスが出来るのであれば他の代替手段でユーザビリティを向上させることが出来るかもしれません。しかし、その逆は無理な場合が多いと思われるからです。

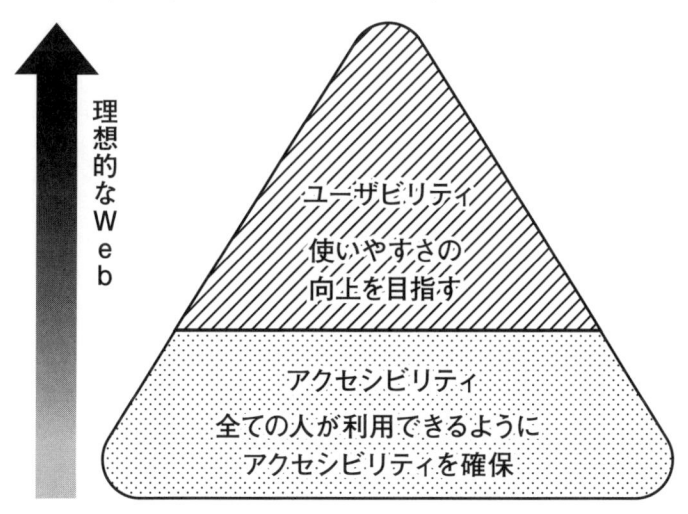

図8-4-2 ユーザビリティとアクセシビリティの関係 新しい概念

我が国におけるWebアクセシビリティは、第9章で取り上げている日本工業規格JIS X 8341-3「高齢者・障害者等配慮設計指針−情報通信における機器，ソフトウェア及びサービス−第3部：ウェブコンテンツ」に具体的に規定されています。詳しい解説は次章でしますが、その前にJIS X 8341-3:2010は国際的に見るとどのような位置付けにあるの

第2部　図書館Webサイトの構築

でしょうか。JIS X 8341-3:2010公示までの流れを概観すると国際標準であるWCAGとの関係が明確です。

　Webで利用される技術の標準化をすすめるW3C内のアクセシビリティ関連の活動を行うWAI（Web Accessibility Initiative）によって策定され、2008年12月に勧告候補として公開されたWCAG2.0と比べると、発表・公示時期の違いによる差があり、JISの方がやや範囲が広く技術的内容にとどまらない、日本固有の内容を含むなどの違いはありますが、おおむね同一の思想で構成されています。JIS X 8341-3:2010においては、構成順序などもWCAGに近づける努力がなされています。

　また、1999年に郵政省と厚生省が共同で開催した「情報バリアフリー環境の整備の在り方に関する研究会」がまとめた「インターネットにおけるアクセシブルなウェブコンテンツの作成方法に関する指針」は、WCAG1.0を日本語に翻訳したものです。

　このように日本のJIS X 8341-3などとWCAGは密接な関係があり、JIS X 8341-3に準拠することは世界標準のWebサイトであることを意味します。

9章 アクセシビリティ向上のための具体的方法

9-1　ウェブコンテンツ JIS X8341-3:2010

インターネットにおけるアクセシブルなウェブコンテンツの作成方法に関する指針とは

　JIS X8341-3を説明する前に「インターネットにおけるアクセシブルなウェブコンテンツの作成方法に関する指針」を紹介しましょう。

　この指針は、1999年当時の郵政省と厚生省が共同で開催した「情報バリアフリー環境の整備の在り方に関する研究会」が、基本的にW3CのWAIが策定した「WCAG 1.0」を日本語に翻訳したものであり、日本語など日本固有の条件を検討し、修正したものではありませんでした[注34]。

　翌2000年11月に開催された第5回IT戦略会議・IT戦略本部合同会議に参考資料として提出されました。官公庁や地方自治体のWebサイトでは、この指針を取り入れるところがあり、アクセシビリティの考え方を広めることに一定の役割を果たしました。現在公開中のWebサイトにはこの指針に基づいて作られているものが多くあります。内容的には、現在でも通用する項目ばかりです。

　　「インターネットにおけるアクセシブルなウェブコンテンツの作成方法に関する指針」
　　目　的
　　　ウェブのコンテンツ制作者（ページの作成者、ページデザイナー）及び作成ツールの開発者向けに、バリアフリーなウェブコンテンツを作成する方法を提示し、障害のある人がインターネットの

注34) 8章末を参照

第2部　図書館Webサイトの構築

ウェブへ容易にアクセスできるようにすること

指　針
【様々な形式に適切に変換できるコンテンツを作成するための指針】
1. 音声や画像で表示されるコンテンツには代替手段を提供すること
2. 色の情報だけに依存しないこと
3. マークアップ及びスタイルシートは適切に使用すること
4. 自然言語の使用について明確にすること
5. 適切に変換できるような表を作成すること
6. 新しい技術を様々な形式に適切に変換できるページを保証すること
7. 時間の経過に伴って変化するコンテンツに対してユーザの制御を保証すること
8. ユーザインタフェースのアクセシビリティを保証すること
9. 特定の装置（デバイス）に依存しない設計であること
10. 臨時の対応策を利用すること
11. インターネットの技術標準及び指針を使用すること

【理解が可能でナビゲーションが可能なコンテンツを作成するための指針】
12. 文脈やページの構成等の情報を提供すること
13. ナビゲーションの仕組みを明確に提供すること
14. ドキュメントは明確かつ簡潔であること
情報バリアフリー環境の整備の在り方に関する研究会「インターネットにおけるアクセシブルなウェブコンテンツの作成方法に関する指針」1999.5
http://www.kantei.go.jp/jp/it/goudoukaigi/dai5/5siryou7-4.html
（参照　2012年2月28日）より引用

　同指針は、JIS X 8341-3:2004に先んじて公開されており、同JISに影響を与えると共に我が国のWeb開発における初めての公的な指針として注目されましたが、あくまでも「このように作ることが望ましい」

9章　アクセシビリティ向上のための具体的方法

というモデルの提示にとどまり、強制力を持ち得ませんでした。

ウェブコンテンツ JIS X 8341-3 とは

2000年代初頭まではユーザビリティの向上に興味が集まっており、アクセシビリティはあまり重視されていませんでした。この頃は「この二つの概念を実現するには相反する面があり、両立は難しい」とも理解されていました。

2000年から2004年頃まで日本で理解されていたアクセシビリティ実現のための最低限度やっておくべきポイントは、8章で紹介した6項目です。

日本工業規格JIS X 8341-3「高齢者・障害者等配慮設計指針－情報通信における機器,ソフトウェア及びサービス－第3部：ウェブコンテンツ」(「ウェブアクセシビリティJIS」または「ウェブコンテンツJIS」と呼ばれています) は、主に高齢者、障害者及び一時的な障害のある人が、ウェブコンテンツを利用する上でのアクセシビリティを保証するための設計配慮指針として制定されました。2004年に制定された初版がJIS X 8341-3:2004、2010年の改訂版がJIS X 8341-3:2010です。

対象者は、「利用環境の制限等によって一時的に特定の操作やメディアが利用できない人,アクセシビリティ機能を十分に備えているとはいえないウェブブラウザの利用者,その他の一般的なユーザー等も広く対象とすることを目指している」とされ、情報機器やインターネットの操作に習熟していないIT弱者や日本語の理解が不十分な幼児・児童や外国人なども含まれています。

JIS X 8341-3:2004は、曖昧な表現が多く、必須項目、推奨項目の2段階に分かれていましたが、項目を適用するための判断の指針がありませんでした。そのため多くのWebサイトでは、ユーザビリティを重視し、最低限度のアクセシビリティ、もしくはあまり負担にならない程度にアクセシビリティを考慮するという消極的な姿勢がみられました。

これに対し、JIS X 8341-3:2010では、WCAG[注35]との整合性が重視

注35) WCAG (Web Content Accessibility Guidelines) 8章参照

され、Webサイトの制作に関し対応すべき達成基準は61項目に細分化されています。

JIS X 8341-3:2010の大きな特徴として、
a）企画、設計・開発、検証及び保守・運用のそれぞれに分けて配慮すべき指針が明示され、達成基準と達成等級で細かく規定されていること
b）目標に基づくガイドライン等の作成と公開が求められていること、検証の実施が求められていること
c）継続的な向上が求められていること
などを挙げることができます。

61項目に細分化された一般原則の基準にそれぞれA、AA、AAAの3段階のレベルが設定されており、Webサイトの運営者は目標とするレベルをA、AA、AAAから設定し、その61項目の達成基準でレベルを設定することとなります。

JIS X 8341-3:2010の一般原則

JIS X 8341-3:2010の各達成基準は、下記の四つの一般原則にカテゴライズされています。

a）知覚可能に関する原則
情報及びユーザインタフェースのコンポーネントは、利用者が知覚できる方法で提示する。
b）操作可能に関する原則
ユーザインタフェースのコンポーネント及びナビゲーションは、利用者が操作可能である。
c）理解可能に関する原則
情報及びユーザインタフェースの操作は、利用者が理解可能である。
d）頑健性に関する原則
コンテンツは、支援技術を含む幅広い様々なユーザエージェント

が確実に解釈できるように十分頑健である。
　　日本工業規格『JIS X8341-3:2010　高齢者・障害者等配慮設計指針－情報通信における機器、ソフトウェア及びサービス－第3部：ウェブコンテンツ』2010.8　p.11 より引用

　JIS X8341-3:2004と2010の一般原則を比較してみましょう。
　2004はa、b、cの三つの項目よりなり、それぞれの文言は「配慮する」で締められ、基本的な概念または方針の提示に過ぎません。また、具体的な方法を規定している「規格及び仕様」の構成は技術的観点からの羅列となっており、一般原則と連動していないため理解しづらいものでした。
　2010では2004の「規格及び仕様」に対応する「ウェブコンテンツの要件」は一般原則と同様の項目立てとなっており、また、前述のように項目毎にレベルが設定されているため理解しやすくなっています。

　ところで、図書館サービスに関しての指標及びその数値目標化について「公立図書館の設置及び運営上の望ましい基準」の総則の（三）では、次のように指摘されています。

図書館サービスの計画的実施及び自己評価等
①公立図書館は、そのサービスの水準の向上を図り、当該図書館の目的及び社会的使命を達成するため、そのサービスについて、各々適切な「指標」を選定するとともに、これらに係る「数値目標」を設定し、その達成に向けて計画的にこれを行うよう努めなければならない。
②公立図書館は、各年度の図書館サービスの状況について、図書館協議会の協力を得つつ、前項の「数値目標」の達成状況等に関し自ら点検及び評価を行うとともに、その結果を住民に公表するよう努めなければならない。
　　「公立図書館の設置及び運営上の望ましい基準」（平成13年7月文部科学省告示）

第 2 部　図書館 Web サイトの構築

（http://www.mext.go.jp/a_menu/sports/dokusyo/hourei/cont_001/009.htm）（参照　2012 年 3 月 5 日）より引用

　JIS X 8341-3:2010 は 2004 に比べて、構成がシンプルで理解しやすく、到達目標の設定や評価ポイントが Web サイトの現状にあわせて細かく設定できるため、目標の妥当性や達成率の評価・点検が行いやすく、評価の数値的な把握が行えます。この目標を明文化し Web 上で公開することも求めています。そのため上記のような図書館の指標と数値目標化に活用しやすいと思われます。

　このように JIS X 8341-3:2010 は外部からの評価を受けつつ、徐々にレベルを向上させていくことを前提としているため、図書館運営委員会、教育委員会、あるいは利用者団体・個人などの組織や社会のステークホルダーから評価を受けやすいと言えます。この点に注目し、広報活動においてアピールポイントとして活用していきましょう。

9-2　ウェブコンテンツ JIS X 8341-3:2010 のポイント

　一般原則はどのようなものなのか、次に四つのカテゴライズ別にその性格を理解してみましょう。

知覚可能
1. 不必要なスペースや記号はありませんか
2. 読み上げに問題のない表現・表記ですか
3. 背景色と同系色を使っていませんか
4. 文字と背景は明度差 125 以上、色差 400 以上を確保していますか
5. フォントはゴチック体を基本とし 10 ポイント以上を確保していますか
6. 必要以上に色を使っていませんか
7. 色彩だけで表現していませんか
8. 表、図にはキャプションをつけていますか
9. 画像は内容と合致していますか
10. アイコン等リンクを伴う画像には、画像が意味する内容を具体的

9章 アクセシビリティ向上のための具体的方法

に表す代替テキストをALT属性に記述していますか
　＊画像の説明ではなく、画像をクリックしたときに起きる反応を記述します
　＊画像が文脈の中で用いられている場合は、違和感なく理解できるような表現を記述します
11. テキストリンクの色は他の文字色と区別できますか、未訪問と既訪問の区別はできますか
12. レイアウトを目的としてテーブルを使用していませんか
13. 見出しタグを適切に使用していますか
14. 表にはタイトル行をつけ、読み上げた上で表内情報を分かりやすくしていますか
15. 視聴覚メディア（動画など）は音声のみ、視覚のみの情報提供にならないよう、字幕スーパーや音声注釈などを併用していますか
16. 英語の略語、単語の表記に気をつけ、音声ブラウザで正しく読み上げられるように、略語はすべて大文字で、単語はすべて小文字または先頭のみ大文字で表記していますか

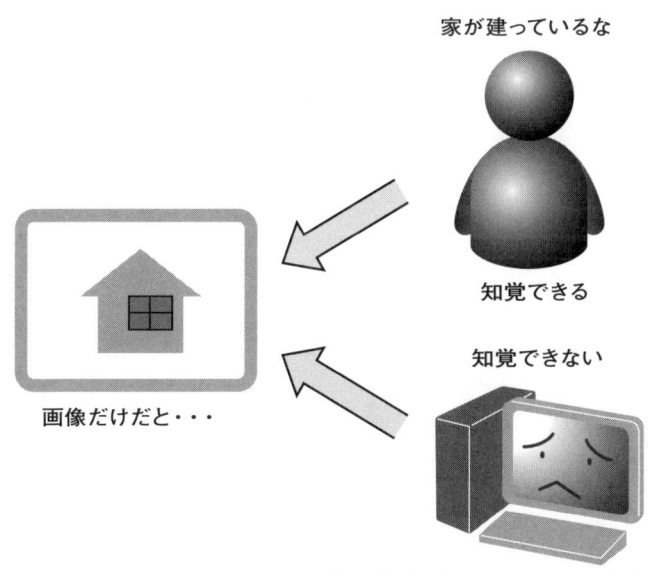

図9-2-1　知覚可能

第2部　図書館Webサイトの構築

このように「知覚可能」とは、人間だけでなく、音声ブラウザのようなソフトウェアでも内容を正しく解釈、理解できることを目指しています。

操作可能
1. マウスが無くてもキーボードだけで操作できますか
2. キーボードだけによる操作でページ内のリンクやフォームの選択や移動がスムーズにできますか
3. コンテンツの利用に時間制限を設けていませんか。制限がある場合は解除、調整、延長などの選択肢を設けていますか
4. 動きのあるコンテンツが利用を妨害していませんか、その場合は停止する選択肢を設けていますか
5. 自動更新を行う場合は、停止や中断の選択肢を設けていますか

「操作可能」はブラウザ上で行うさまざまな操作がスムーズに行えるかどうかに関わっています。利用時間の制限や自動更新などは閲覧に時間のかかる利用者を意識しています。自動更新の代表的なものとして、ページのURLが移動した場合に設定する案内ページ、「○○秒後に自動で新しいページに移動します」というものがあります。利用者の利便を考えて設置するものなのですが、何が起こったのか理解できなくなる利用者もいます。

理解可能
1. フォームなどの入力欄で入力制限（必須、半角英数など）の表示は、フィールドの前に表記してありますか
2. イメージファイルのファイル名に全角英数、又は日本語を使っていませんか
3. サイト全体でレイアウト・ナビゲーションを統一してありますか
4. ナビゲーションの用語、構文は揃えてありますか
5. ナビゲーションを機能・目的別に区別してありますか
6. 文字サイズの変更のナビゲーションは分かりやすいですか

9章 アクセシビリティ向上のための具体的方法

7. ナビゲーションメニュー・スキップを用意してありますか
   ＊音声ブラウザ利用者が、ナビゲーションメニューを読み飛ばせるように、これをスキップするためのリンクをセーフティエリア（画面左上部）の近くに配置しておきます

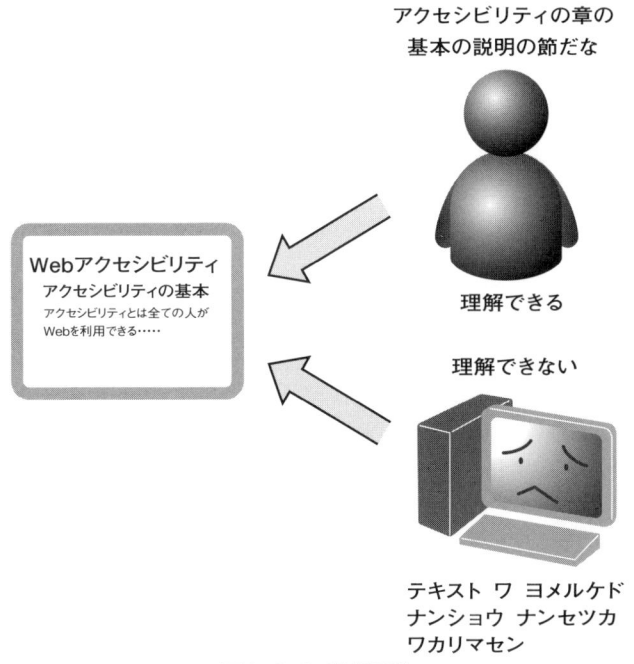

図9-2-2 理解可能

「知覚可能」と同様に「理解可能」でも、人間だけではなくソフトウェアを含めて、文章の構造や指示を正しく理解できることを目指しています。

頑健性
1. 言語コード[注36]を記述します
2. マークアップ言語は正しい論理構造（見出し、段落、リスト、表

注36） Webページのコンテンツがどの言語で書かれているかを指示する

第2部　図書館Webサイトの構築

組みなどの区別）を構成していますか
3. サイトの公開や更新の前に検証サービスやツールを用いて動作や文法を確認済みですか

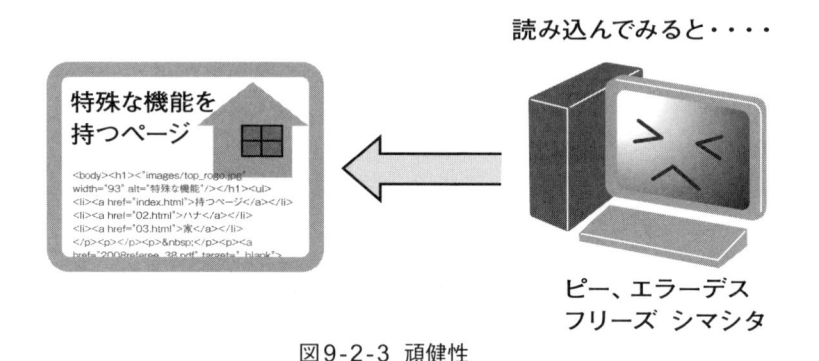

図9-2-3　頑健性

　ブラウザその他の多様なソフトウェアが、正しくコンテンツを利用でき、情報を正確に利用者に伝えられなければなりません。そのためには互換性の確保やWeb標準の技術を正確に用いることが必要です。

10章 ユーザビリティ向上のための具体的方法

10-1 基本的な考え方

　2000年頃にユーザビリティの概念が日本に入ってきた頃から一般的に理解されていたユーザビリティのポイントの中で、今でもよく用いられているポイントは以下のものです。

①ホームページ[注37]の概要が明確に伝わること
　　TopやIndexなど来訪者が最初に見るページは、全体を見渡し大まかなサイトのあり方を把握するために用いられます。サイトの目的やどのような情報があるのか、誰を対象としているのかなど全体の概要を把握し、また、メニュー構成、サブページ、情報が、どのような分類や構造で配置されているのかなどが一目で理解できると利用しやすくなります。

②統一されたデザインや構成、ナビゲーション
　　トップページや各サブページのデザインが統一されているとナビゲーションが分かりやすく、かつ効果的になり、各ページの目的が明瞭になります。
　　ナビゲーションは基本的にすべてのページで同じものを同じ配置にします。ただし、Topページに大きなタイトル画像やフラッシュ動画を配置した場合、イラストを見せるページでなるべく大きな面積を画像に割り当てたい場合などは、その限りではありません。

③情報の適切な配置
　　Webサイトの構造やナビゲーションを工夫し、利用者が求めている情報が予想した位置にあるようにします。そのためにはWebサイ

注37) Webサイトまたはページのこと。2000年当時の表記

トの構造を分かりやすく工夫することが大切です。また、ページ内のコンテンツやアイコン、ナビゲーションの配置にも適切なカテゴライズ化など工夫が必要です。

④操作が直感的に分かり、予想を裏切らないこと

次にどのような操作をすれば、望む結果が得られるのか直感的に分かるようにし、操作後に予想通りの反応が起こるようにします。予想外の反応が起こるようだと利用者は安心して落ち着いて操作を続けられません。

10-2　具体的なポイント

Topページで Webサイトの全体像が把握できる

Topページでその図書館で提供しているサービスの概要が把握できるようにします。そのためにTopページに掲載する情報は厳選します。TopページはWebサイト全体の目次としての機能を兼ねているためです。ただし、図書館のWebサイトの場合は「図書館とは何か」がわかっている来訪者がほとんどですので、十分なコンテンツを置くという方法もあります。どちらにするのかは図書館の規模、再来訪者（常連）の数、直帰者（1ページだけ見て去ってしまう人）の数などを考慮して決めます。

ヘッダーとフッターの統一

サイトのそれぞれのページの上下にヘッダー[注38]とフッター[注39]を記載します。サイト全体のデザインや印象を統一し、内部でのスムーズな移動や情報の探しやすさのために、原則としてすべてのページにパンくずリストのようなナビゲーション機能付きのヘッダーとフッターを設けます。

注38）文字列や図をページの上部に表示するための設定
注39）文字列や図をページの下部に表示するための設定

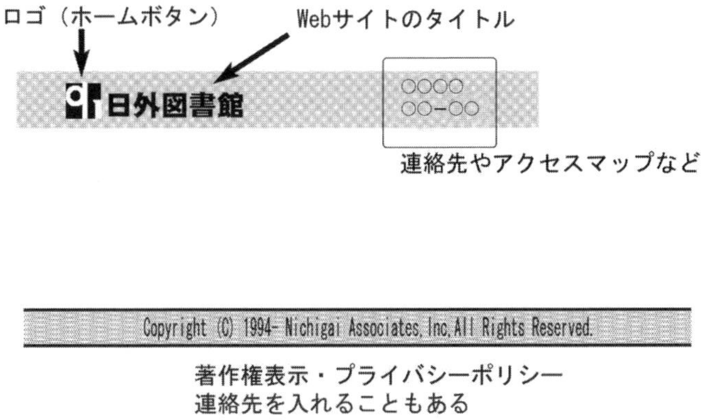

10章　ユーザビリティ向上のための具体的方法

ロゴ（ホームボタン）　Webサイトのタイトル

連絡先やアクセスマップなど

著作権表示・プライバシーポリシー
連絡先を入れることもある

図10-2-1　ヘッダーとフッター

メニュー（ナビゲーション）の統一

　メニューリンク（ナビゲーション）とは、Webサイト内の各ページや各コンテンツにジャンプするリンクを指します。Webサイト内のページに共通して、同じ場所に同じように配置します。

図10-2-2　グローバルとローカルナビゲーションの組み合わせ

119

第2部　図書館Webサイトの構築

閲覧しやすいサイトとページの設計

　Webサイトのコンテンツやメニュー構成、想定した閲覧順に合わせて各ページの配置が決まります。各ページ間はナビゲーションにより相互にリンクされているので、決まった閲覧順に見なければならないわけではありませんが、一般的に閲覧しやすいと考えられるページ順番を考えます。利用者のパソコンスキルや図書館利用能力の両方について、それぞれ「初心者向け」と「慣れた方向け」の二つの考え方がありますが、可能な限り両立するように配慮が必要です。

　基本の構造に縦割りの配置と平行の配置があり、それぞれに特徴があります。

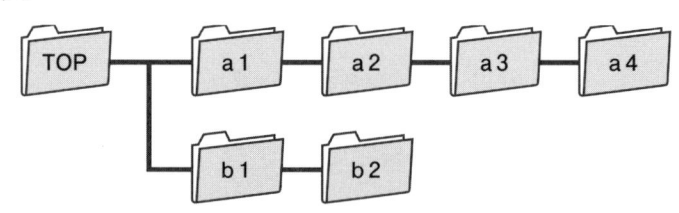

縦割りの構造はTOPのメニュー数は少なくなるが階層が深くなり何度もクリックしなければならない。見たいページがわかりづらい。
　　図10-2-3　サイト構造　縦割り

　第一階層を大分類、第二階層以下を小分類とした階層構造（ヒエラルキー構造）は、多くのWebサイトで取り入れられている一般的な構造です。全体が平行と縦割りの構造からなるピラミッドのような構成をしています。

　図10-2-3は、第二階層（第一階層はTopページ）を2つに分類している平行構造を持つ縦割りの構造です。縦割り寄りの階層構造ともいえます。メニュー数の少ない小規模な図書館Webサイトで見られますが、深い階層のコンテンツに記載された情報を見つけづらくなることがあります。

　また、一つのコンテンツを細分化して複数のページを作り、これを順番に並べても似たような構造になります。画面をスクロールする代わり

120

10章　ユーザビリティ向上のための具体的方法

にページをクリックして読み込み直すことになるため、使いづらい印象を与えてしまいます。

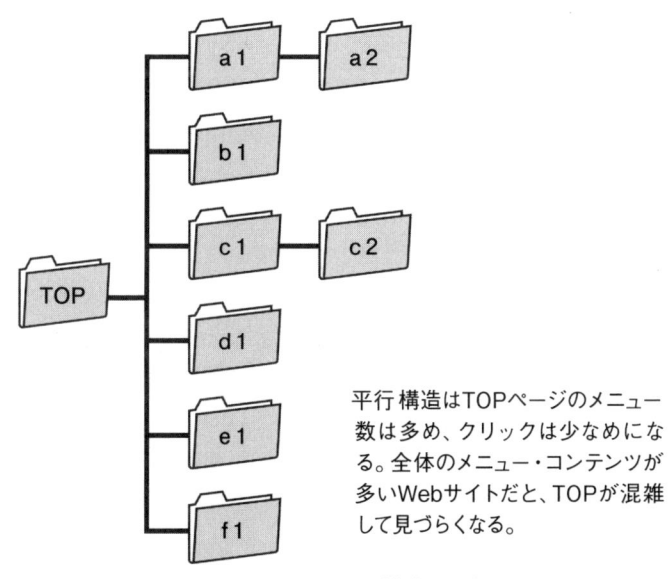

```
TOP
├── a1 ── a2
├── b1
├── c1 ── c2
├── d1
├── e1
└── f1
```

平行構造はTOPページのメニュー数は多め、クリックは少なめになる。全体のメニュー・コンテンツが多いWebサイトだと、TOPが混雑して見づらくなる。

図10-2-4　サイト構造　平行

　図10-2-4は、第二階層を平行構造とし、一部に第三階層があります。大分類を極端に細かく分けた構造です。図10-2-3と同じく小規模な図書館で見られますが、Topページのメニュー数が多くなりがちなことと、一ページあたりのコンテンツ量が多くなることが懸念されます。
　実際には、この両方をミックスした複雑な階層構造になります。オンラインショッピングのWebサイトなどでは、最後に決済のページにたどり着く集約型などがありますが、図書館では考えにくいと思います。
　どのような構造であっても、Webサイトの大規模な更新の際は、サイトのディレクトリ構造[注40]を検討し直します。

注40）Webサイトのメニューやページの階層構造のこと

第 2 部　図書館 Web サイトの構築

ページの構造やパーツの配置

　ページのデザインは、まず視線の動線にあわせて情報を配置していきます。重要な情報はページ左上のセーフティエリアに配置します。ページが縦に長くスクロール量が大きい時は、ページの上部にリンク付きの目次をつけ、任意の位置にジャンプできるようにします。

不明、未完成なリンクは作らない

　リンク先が存在しない場合やリンク先が未完成の場合はリンクそのものを設定しません。最初にすべてのリンクやリンクアイコンを作っておいて、「工事中」「作成中」などのページに誘導するのはやめましょう。ただし近日中に公開予定で、予定日が明示できる場合は除きます。
　図書館の場合は、中央館や分館、類縁施設へのリンクであることを明確にしておく必要があります。
　リンクの文字列はリンク先の内容を正しく想像できるものにし、ブラウザの初期設定のアンダーラインを設定しましょう。リンクは同じウィンドウに開くのが基本です。ポップアップウィンドウが勝手に開くのは、特に必要な場合のみにしましょう。

テキスト表示

　文字にアンダーライン（下線）を使う場合には、リンクを表す下線と間違えないような色を設定しましょう。
　連絡先、メール等の表記は分かりやすく適切なものとし、すべてのページで揃えるようにしましょう。
　文章は簡潔で分かりやすいですか。Web向きの文章は短く簡潔です。一文を複数の「、」で繋いで、長い文を書かないように気をつけましょう。一文が長いと紙に印刷したときよりもディスプレイの方がくどく感じやすいです。また、最近はワイドディスプレイが流行していますが、あまり横に行が長いと読みづらくなりますので、レイアウトに気をつけましょう。
　文字のサイズや一行の文字数、行間は適切に空けていますか。また、

10章　ユーザビリティ向上のための具体的方法

斜体文字のむやみな使用も控えましょう。

配色についての配慮

　ページの背景として、複雑な画像やコントラストのきつい画像を使用すると文字が読み取りづらくなります。また、写真やイラストも背景にじゃまされて目立たなくなります。

　また、文字やイラストに極端にコントラストの低い配色を使用した場合も見づらくなりがちです。

FAQやQ&Aの準備

　FAQやQ&A、よくある質問と回答のページを用意してありますか。FAQやQ&Aはパソコンやインターネット、ブラウザの操作だけではなく、図書館利用案内も過不足なく用意している必要があります。なかでも、貸出規定、OPACの使い方、予約の仕方、駐車場やバスなどの交通機関の質問などが多いようです。

よく利用する来訪者向けの配慮

　よく利用する来訪者はOPACなどの「機能ページ」を使いに来ています。図書館のOPACやその他のオンライン情報源へのリンクをまとめたページを作り、そのページを利用者がブラウザの「お気に入り」に登録して利用できると便利です。

　また、グローバルリンクからOPAC、レファレンス、開館カレンダーなどよく利用する来訪者向けのリンクが用意されている必要があります。

自動でメーラーが起動する場合

　mailto：リンクを使用する場合は、規定のメーラー[注41]が自動的に立ち上がることを予め明記しましょう。立ち上がったメーラーを終了する（閉じる）ことが出来ない人もたまにいます。

注41）メールの送受信、表示のためのソフト

著作権・肖像権・個人情報

　プライバシーポリシーや個人情報の保護について立場を明らかにするページへのリンクを、すべてのページのフッターに貼り付けていますか。

　著作権や肖像権のチェックはきちんとしましょう。また、すべてのページに著作権表示を明示しましょう。

　不用意に個人が特定できるような写真等を使っていませんか。個人が識別できるような写真を掲載する場合は許諾を得ておきましょう。個人情報を入力させるフォームの場合は、SSL通信（暗号化）を設定していますか

アプリケーションやプラグイン[注42]について

　Webサイトのページを見るために特定のアプリケーションソフト（アドビ社アクロバットリーダーなど）を必要とするファイル形式の種類は、必要最小限に留めるものとし、ファイルへのリンクを設定する場合には、ファイル形式を明記するようにします。 また、そのアプリケーションソフトが他のサイトにて無償で入手できる場合は、そのサイトへのリンクを設けるようにします。

外部リンクの注意

　外部のサイトにリンクする場合はリンクフリーかどうかを調べておきます。Web上に公開しているファイルは、特に閲覧やリンクを禁止していない場合はリンクフリーと判断して良いのですが、公共機関のWebサイトならば多少慎重になっておいた方が良いと思います。

注42) 機能拡張のためにアプリケーションに後から組み込まれるプログラム

11章 図書館Webデザインのポイントとコンテンツ

11-1 デザインの基本の確認

多様な閲覧環境への配慮

　Webサイトはブラウジング条件を考慮する必要があります。図書館報やポスターなどの掲示物では、利用者への見え方をあらかじめコントロールすることができます。デザインしたときと掲示したときでは、レイアウトが異なって見えることはありません。ディスプレイで見たときに比べて印刷上の色合いのズレや紙質、掲示した場所の背景や周りの他のポスターとの兼ね合いでイメージが変わる程度です。それに比べてWebサイトのデザインは、閲覧に使用する機器の性能や形態の条件によって、表示サイズやレイアウト、色合い、文章の改行位置、表示にかかる時間などが異なります。

　パソコンのOSやブラウザソフトにはさまざまな種類があり、また同じOSやブラウザであってもバージョンによる表示の違いも生じます。ブラウザなどに組み込まれているプラグイン（後付けの追加機能）の有無によって、表示できるかどうかに差が生じることもあります。

　ディスプレイの大きさで考えても、3.5〜4.5インチの画面のスマートフォン、7〜10インチのタブレット、11〜12インチのウルトラノート、最大17インチ前後のものもあるノートパソコン、24インチオーバーもあり得るデスクトップパソコン[注43]などにより見え方は異なります。さらに同じ機種でも、解像度や色数、ブラウザの拡大設定やフォントの設定で変化します。急速に数を減らしつつあると言ってもiモード携帯でアクセスする利用者も当分はいることでしょう。

　このようにWebのデザインでは、自分のパソコンできちんと見える

注43) 同じ機種であっても固有差があり、設定による差も生じる

からそれで良いとはいきません。利用者のボリュームゾーンの環境ではこちらが意図したように表示され、それが無理な場合でも少なくとも情報は正しく伝わるデザインを考慮する必要があります。Webサイト・ページの作成が終わり、公開する前に主要なOSやブラウザに関しては、テストすることを忘れないようにしましょう。

Topページのコンテンツ量

　Topページに、お知らせやコンテンツが多すぎるサイトがあります。画面いっぱいにメニューとお知らせが広がり、目的のコンテンツを探すのに苦労したことはありませんか。

　メニューが正しく分類され構造化されていないと利用者は混乱します。適切にカテゴライズされ、スマートな階層構造を持つWebサイトでは、そのようなことは起きません。「あれもこれも」「あんな利用者やこんな利用者のために」と考えるのは分かりますが、適正なコンテンツ数を心がけましょう。また、お知らせに関しても、長く掲示することが必要な物以外は、過去ログにまとめるように工夫しましょう。

　Topページはサイト全体のイメージを決めると同時に、ナビゲーションの善し悪しを決定します。このサイトにはどんな情報が、階層のどこにあるのか、どうすればたどり着くのかを直感的に理解できるようなデザインを心がけましょう。

セーフティエリア

　パソコン用ブラウザはサイズが変えられる可変ウィンドウです。このようなブラウザの場合は、画面の左上がセーフティエリアと呼ばれる場所になります。

　ウィンドウのサイズを自由に変更できるため、小さめにするとページの一部が隠れてしまいます。スクロールバーで上下左右に動かすことができるので閲覧は出来ますが、画面上で重要な情報やナビゲーションなどが隠れるような位置に配置することは避けた方が良いでしょう。

　しかし、ウィンドウの左上のセーフティエリアは、ウィンドウを狭め

11章　図書館Webデザインのポイントとコンテンツ

ても隠れることはありません。ここにホームボタンを設置しておけば、どんな状態からでもトップページに戻ることができます。また、この部分へは目線が向きやすいため、重要な情報を置くと目立たせることが出来ます。Webサイトの名称や主要なコンテンツへのナビゲーションなどを配置することもあります。

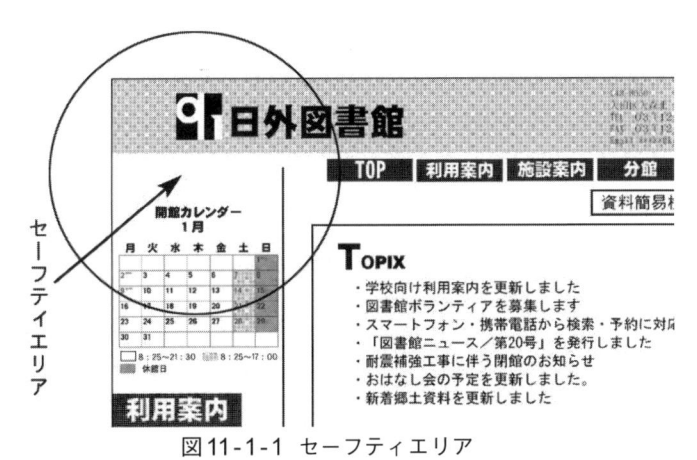

図 11-1-1　セーフティエリア

利用者の視点に立った情報

　利用者視点の情報が欠落しているWebサイトをよく見かけます。来館者ユーザーを意識しすぎ、来館した経験のないために図書館の具体的なイメージがわかないユーザーへの配慮が不足していることがあります。Webサイトを訪れる人は図書館をよく利用している人とは限りません。むしろ、図書館利用経験や利用能力の低い人にこそ配慮し、難しい用語や「分かっているだろう」という思い込みに気をつけましょう。

　文章表現では、日頃の書類作成の癖を引きずっているのか、不必要な情報や冗漫な表現が多く理解しづらい、そもそも読んでもらえない文章を多用しているサイトが多く見られます。逆に、子ども向きに対象を絞り込みすぎて、大人には物足りない、読みづらいこともあります。

　デザインやナビゲーションと同様にWebサイト全体で言葉遣いを揃えると、統一感が生まれます。基本の雰囲気としては「ですます調」が

127

第2部　図書館Webサイトの構築

望ましいのですが、報告書のPDFのようにコンテンツの内容によっては「である調」が混在することもあります。きちんと使い分けることが重要です。
　多様なユーザー向けに理解しやすい表現は、常日頃から心がけておくだけで印象が変わっていきます。

情報、コンテンツの整理（必要な情報と不必要な情報）
　図書館Webサイトの機能は、広報と情報ツールの二つの側面があります。伝えたい事柄を告知し、あるいは図書館を知ってもらいイメージを向上させるなどの広報機能と、所蔵検索（OPAC）や電子図書館などのように利用者が必要な情報を得るために主体的に操作を行う情報ツール的機能を併せ持っています。他の自治体のWebサイトでは、広報機能に偏っている場合が多く、図書館はその点において特異と言えます。
　その前提を意識しつつ、提供すべき情報は何かを慎重に検討します。「必要とされている情報」ではなく「提供しやすい情報」を提供してしまうことがないように注意しましょう。提供しやすい情報を提供してしまうパターンでは、時間や業務に追われて必要とされていない情報をアップする場合や、既存の印刷物をスキャンしただけのページで済ませてしまう場合などがあります。
　担当する図書館員は、利用者がWebサイトに何を期待して来訪するのか、的確に把握しているでしょうか。それは人によって異なるだけでなく、同じ利用者であっても初めて来た時と常連になってからでは全く異なるでしょう。Webサイトの評価のフィードバックだけでなく、図書館利用者全体が何を期待しているのか、図書館や図書館のWebサイトをどう利用しようとしているのかを十分に見極める必要があります。

　コンテンツの準備の最初は、Webサイト開設の目的、意義を明確にすることです。Webサイト開設の目的・意義、主たる対象者、目標（長期・短期）を明確に定めます。図書館の目標、対象者、サービスに合致

11章　図書館Webデザインのポイントとコンテンツ

することが基本です。

　次にWebサイトの規模や構成、来訪者に合わせた技術レベルを設定します。

　大まかに必要なコンテンツは何かが把握できたら、今度は必要なコンテンツを吟味しWebサイトのシンプル化を図りつつ、コンテンツのカテゴライズとWebサイトの構造を考えていきます。この際に気をつけることは、カテゴライズを業務的、あるいは図書館学的に考えるのではなく、来訪者が何をどのように考えて、その経路をたどって目標のページにたどり着くのかを利用者の気持ちになって考えることです。館内の配置を利用者動線を考慮しつつ決めていくのと同じようにWebサイト内の利用者動線を想定してコンテンツをカテゴライズしていきます。利用者の目的も経路も一つではありません。複数の経路に対応できるように心がけましょう。

　また、閲覧者の環境（PCの性能、OSやブラウザの種類やバージョン、通信速度、セキュリティ設定、外部公開の可否）を考慮します。利用者そのものの想定も必要です。利用者のWeb利用能力や図書館利用能力は一様ではありません。想定に対応して文章の難しさや外来語や新語、流行語の使用の可否などを決めていきます。

　最後にコンテンツの内容、優先順位、更新頻度などを考えておきます。

　図書館で現在どのような問題が発生しているか、どの様なサービスを必要とされているかを検討し直し、併せてコンテンツのリスト化、作成スケジュールも検討します。外部に制作を依頼し、すべてを一気に公開する場合は更新の順番や頻度のリストが、徐々に作り上げていく場合や更新について考える場合には作成スケジュールが役に立ちます。

　デザイン作業に入る前に、Webサイトのコンセプト、特徴（カラー）を検討します。図書館活動全体としてトータルにコーディネートすると相乗効果が期待できより効果的です。

第 2 部　図書館Webサイトの構築

11-2　ナビゲーションとレイアウトの基礎

ナビゲーションの目的

　Webページのナビゲーションとは、Webサイトの誘導標識、道案内の機能と考えてください。Webサイトのページ間の移動をスムーズにするために、またユーザーが目的の情報へたどり着けるように、必ず配置します。

　ナビゲーションの配置はWebページのレイアウトを決定します。ナビゲーションの出来不出来でそのWebサイトの使い勝手の大部分が決まると言ってもよいくらい重要な要素です。難しいナビゲーションは困りものです。ユーザーが直感的に認識し「これはナビゲーションだ」と理解出来て、その使い方も直感的に分かるような工夫を凝らしましょう。

　ナビゲーションの形式としては下記のような種類があります。

- バナー式ナビゲーション
- リスト式ナビゲーション
- タブ式ナビゲーション
- プルダウン式ナビゲーション
- パンくずナビゲーション
- サイトマップ

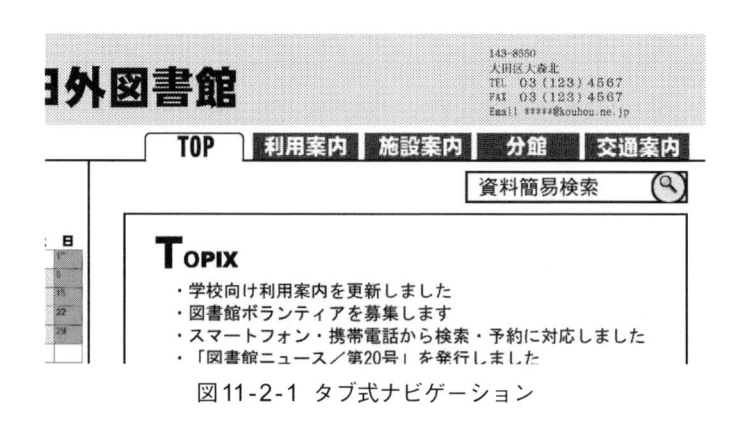

図 11-2-1　タブ式ナビゲーション

11章　図書館Webデザインのポイントとコンテンツ

　ナビゲーションは主に、テキストのみのものと、画像化（アイコン）したものがあります。以前は、テーブルでレイアウトを切り、テーブル内に画像を配置することが多かったのですが、現在ではアクセシビリティを考慮して、文字と画像をCSSでレイアウトして構成することが多いようです。

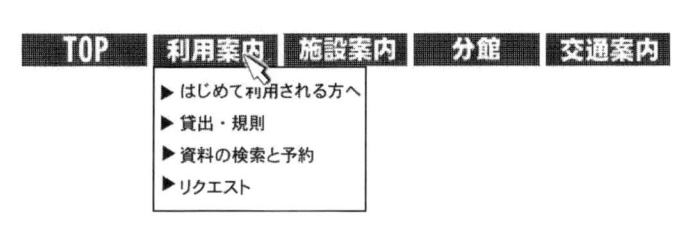

図11-2-2　プルダウン式ナビゲーション

ナビゲーションの種類
　ある程度以上の規模のWebサイトでは、2種類以上のナビゲーションを併用することが多くあります。
①グローバルナビゲーション
　　Webサイト内のすべてのページに同じものが同じ位置に用意される、ページの大分類・メインメニューにあたるもの。サイト全体を見渡すことができ、主要コンテンツへアクセスできるナビゲーションです。サイト内のカテゴリーを大きく移動する場合に用いられ、サイト内のどのページにいても、主要なコンテンツへは1クリックで到達できるようにデザインします。
②ローカルナビゲーション
　　コンテンツ群ごとに用意される、小分類・サイドメニューにあたるもの。同じカテゴリーの中で移動する場合に用いられます。グローバルナビゲーションと兼ねるのか、併用するかは、それぞれのWebサイトのサイズ（複雑さ）と、利用者がどの程度インターネットに慣れているかなどを考慮して決めます。
③パンくずリスト（トピックパス）
　　各ページの置かれた階層をそのまま表示したもの。今見ている

131

ページがそのサイトでどのような位置にあるのかが一目で分かります。多くの場合はページの上部左側にテキストのみで小さめに配置されます。特にデザイン上の工夫を要求されないため、どこのWebサイトでもテキストを用いて、同じようなデザインで揃える傾向が見られます。

④サイトマップ

　Webサイト全体のページ構成を利用者に分かりやすく図式化してページとして独立したものです。必要なコンテンツの位置を視覚的に理解できるため、ある程度以上の規模のWebサイトではよく用意されています。

```
トップページ ＞ 図書館案内 ＞ はじめて利用される方へ
```
　　　　　　図11-2-3　パンくずリスト

Webレイアウトの基本パターン

　Webサイトには、訪問者に提供したいコンテンツ（内容・情報）と、目的のコンテンツにたどり着くためのナビゲーションが混在しています。どちらもWebサイト活用のためには不可欠ですが、ナビゲーションが不足していると使いづらく、多すぎると肝心のコンテンツ領域を圧迫してしまいます。双方のバランスを考えてレイアウトを決める必要があります。特に、ナビゲーションのアクセシビリティ上の配慮に関しては、十分に検討しないと情報を必要とする人がWebサイトそのものを利用できないことになってしまいます。

　一般的にナビゲーションの位置には下記の三つのパターンがあります。

- ページ上部にナビゲーションを配置
- ページのサイドに配置
- ページの上部とサイドにL字型に配置

　Webページでは、ごく一部の例外を除いて文章は横書きです。内容や名称をナビゲーションアイコンに横書きし、さらにアイコンを横方向

11章　図書館Webデザインのポイントとコンテンツ

に一直線に並べると、せいぜい5〜7個しか並べられません。

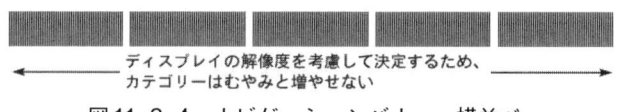

ディスプレイの解像度を考慮して決定するため、
カテゴリーはむやみと増やせない

図11-2-4　ナビゲーションバナー　横並べ

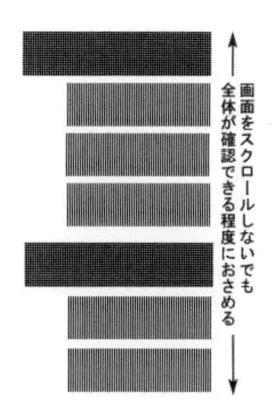

画面をスクロールしないでも
全体が確認できる程度におさめる

図11-2-5　ナビゲーションバナー　縦並べ

　同じアイコンを縦方向に並べると、相当数のアイコンを配置することが可能です。このため、図11-2-7のようにページ上部にナビゲーションを配置する場合は、Webサイト全体を5〜7程度に分類出来る場合か、大分類と小分類を併用し大分類のアイコンだけを配置する場合に限ります。アイコンを2段に重ねることも考えられますが、メニュー構成を把握しづらくなるため、避けた方がよいでしょう。
　ページのサイドに俵積みにナビゲーションアイコンを並べて配置すると、分類の数には制限がなくなり、もっと多くのメニューを一覧させることができます。
　ナビゲーションアイコンの配置とサイトの構造とは密接に関係しているため、レイアウトを考えるより前にWebサイトの構造を検討してお

第2部　図書館Webサイトの構築

く必要があります。

　先ほどの配置のパターンを元にさまざまなバリエーションが展開できますが、ここでは図書館のWebサイトでよく使われる五つのパターンとその特徴を紹介します。

①左サイドにナビゲーションを配置

　　非常に単純明快で分かりやすいパターンで、ある程度メニュー数が多くても対応することが容易です。画面の左側はウィンドウを小さくされても表示されるため、画面サイズの影響を受けづらいです。ただし、文字数が多すぎる横長のナビゲーションアイコンでは、肝心のコンテンツの領域を圧迫することも考える必要があります。少々多い程度ならばナビゲーションアイコンの文字フォントを小さくして対応することもできますが、限度を超えると文字が小さすぎて他とのバランスが崩れますし、文字が読みづらくなってしまいます。

　　また、上部に配置することが多いロゴやタイトルも左サイドに配置することになるため、これらが目立ちづらくなりがちです。

　　中央館のWebサイトと下部に位置づけられた地域図書館のサイトなど、コンテンツ量に限りのあるサイトでよく使用されています。

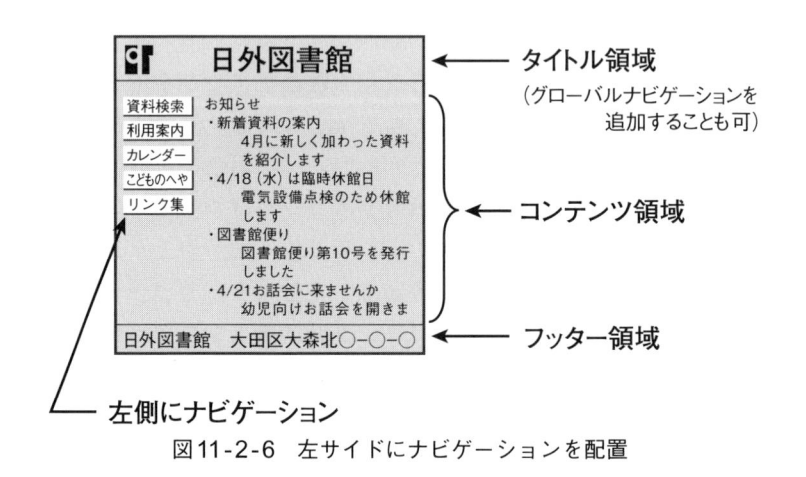

図11-2-6　左サイドにナビゲーションを配置

11章　図書館Webデザインのポイントとコンテンツ

②上部にナビゲーションを配置

　基本的にコンテンツ領域より上部に配置します。コンテンツ領域が広く、縦のスクロールが発生する場合は、ページの最後まで読んでからナビゲーションまで戻る手間を省くため、最下部にも同じものを配置します。上下のナビゲーション（多くはバー形式）にコンテンツが挟まれる配置になるため、コンテンツの領域の横幅を広く取る事ができます。ただし、ナビゲーションの幅よりディスプレイのウィンドウの幅を狭くされるとナビゲーションの右側が画面の外に隠れてしまうので、ナビゲーションの数やデザインを工夫して、ナビゲーションの幅が広くならないようにする必要があります。そのためグローバルナビゲーションに使用されることが多いようです。また、コンテンツ領域を広く取れるため電子資料の提示やOPACのページに使用することができます。

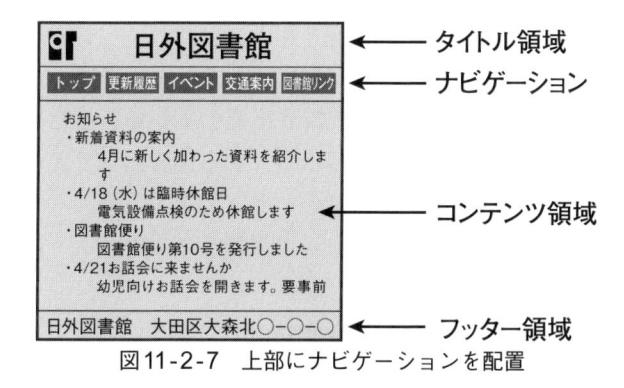

図11-2-7　上部にナビゲーションを配置

③上記の二つを組み合わせた逆L字型配置

　上部のグローバルナビゲーション、左サイド（または右サイド）のローカルナビゲーションで役割分担が明確で分かりやすく作ることができます。ある程度以上のコンテンツを持ったWebサイトではもっともよく使用されているパターンで、企業のWebや公共機関でもよく見かけます。比較的コンテンツの種類が多く、明確な分類がしやすい図書館のWebサイトでも使い勝手が良いでしょう。

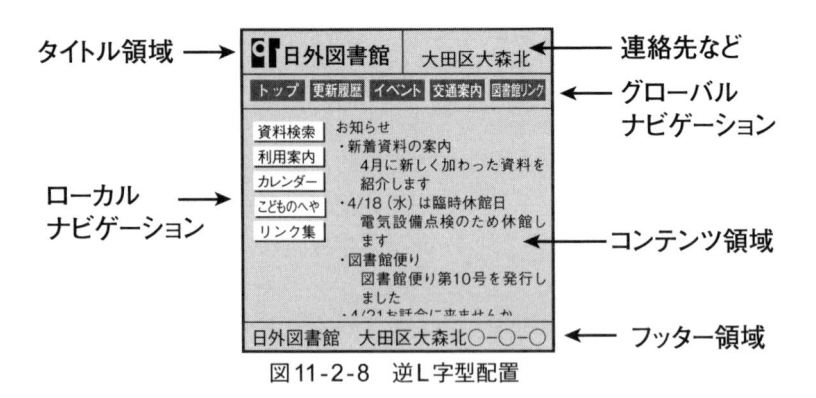

第2部　図書館Webサイトの構築

図11-2-8　逆L字型配置

④逆L字の発展系の逆凹型配置

　ユーザーの端末の画面解像度が向上したため、またワイドディスプレイの登場により上部と左サイドに加えて、右サイドにもナビゲーションを配置することができるようになりました。両サイドのどちらかにローカルナビゲーション、もう片方に臨時のイベントのアイコンや、類縁機関などのアイコン、有料広告のアイコンなどを配置する例が多いようです。1ページあたりの情報量を多くできるため、情報発信に熱心な図書館や有料広告を掲示している図書館など大規模なサイトでよく使用されています。全体のバランスをよく見て、むやみに情報を詰め込まないように配慮しないと煩雑な印象のサイトになるので注意します。

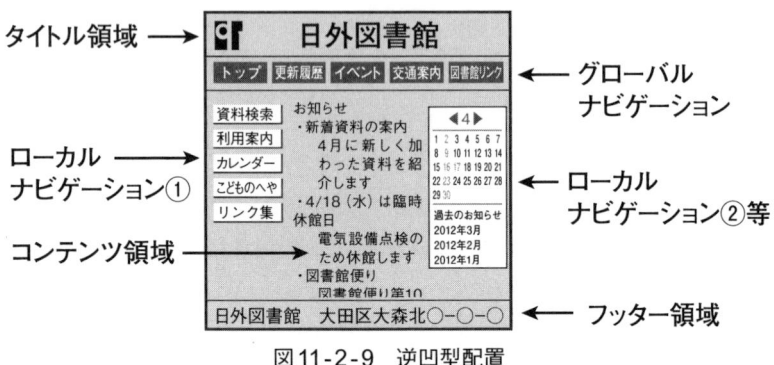

図11-2-9　逆凹型配置

11章　図書館Webデザインのポイントとコンテンツ

⑤イラストの領域を多く取れるビジュアル重視型

　コンテンツ領域を広く取る事ができるため本来はイラスト、グラフィック、アニメーションを見せるページに向いているデザインですが、電子資料の提示やOPACのページに使用しても効果的です。その際には、サイト全体にビジュアル重視型を適用する方法と必要なページにだけビジュアル重視型を使用し、一般のページは逆L字型を使用する方法との2種類があります。サイト全体とのバランスで考えていくことになります。

　別ウィンドウで表示させる場合は「閉じるボタン」か「戻るボタン」を必ず用意しておきます。図11-2-10では説明のため「タイトル、ナビゲーション、その他をまとめた領域」を広く取っていますが、実際のページではもっと狭くなります。

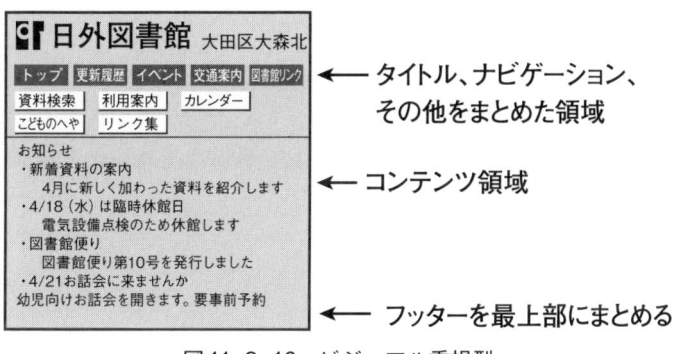

図11-2-10　ビジュアル重視型

11-3　総務省「みんなの公共サイト運用モデル」

　「だれでも使える地方公共団体ホームページの実現に向けて」を合い言葉に2005年12月に公開された総務省の「みんなの公共サイト運用モデル」は、地方公共団体を対象にアクセシビリティが充実した、高齢者や障害者など誰もが利用することができるWebサイトのモデルです。2004年のJIS X 8341-3規格に対応したWebサイトの構築・運営・維持の方法をモデルとして実際に示したものでした。

　図書館で考えますと、大学図書館や規模の大きな公共図書館を除き、

第2部　図書館Webサイトの構築

図書館のWebサイト担当者は、HTMLやCSSなどの作成技術に詳しい訳ではありません。JISは決して内容的に難しいことばかりを書いている訳ではありませんが、大多数の図書館員から見て用語一つとっても敬遠しがちなことは事実でしょう。

また、外部に制作を依頼している場合などは、HTMLやCSSなどよりも「どういう取り組みをその組織でやっていかなくてはならないのか」といったポイントを理解することの方が有効です。

JIS X 8341-3:2004に対応した2005年版のモデルが公開され、JIS X 8341-3:2010の改正に合わせて2010年改定版のモデルが公開されました。その前年2009年に総務省による活用実態の調査が行われ、改訂版にはその内容が反映されています。

次に総務省「みんなの公共サイト運用モデル」～概要版～より、実施すべきことを引用します。

「みんなの公共サイト運用モデル」を活用し実施すること
- 国及び地方公共団体等の公的機関は、「みんなの公共サイト運用モデル」を参考に、各団体の事情を踏まえて期限と達成等級を検討し、できるだけ速やかに対応してください。
  〈期限と達成等級の目安〉
  ●既に提供しているホームページ等
    - 2012年度末まで「ウェブアクセシビリティ方針」策定・公開
    - 2013年度末までJIS X 8341-3:2010の等級Aに準拠（試験結果の公開）
    - 2014年度末までJIS X 8341-3:2010の等級AAに準拠（試験結果の公開）
  ●ホームページ等を新規構築する場合
    - 構築前に「ウェブアクセシビリティ方針」策定
    - 構築時にJIS X 8341-3:2010の等級AAに準拠（試験結果の公開）

その要点をピックアップすると次のようなポイントがあります。
1. 各団体が実施すべき取り組みが示されました
   - 既存のWebサイトの現状把握と目標設定

11章　図書館Webデザインのポイントとコンテンツ

- ガイドラインの作成と公開
- JIS X 8341-3:2010に基づくチェックの実施と対応の公表
- 職員研修の実施
- アクセシビリティの検証とユーザーテストの実施

2. 改訂版では取り組みのスケジュールが例示されました
   ①「ウェブアクセシビリティ方針」を策定・公開
   ② JIS X 8341-3:2010の等級Aに準拠
   ③ JIS X 8341-3:2010の等級AAに準拠

   報告書では既存のWebサイトに3年間で対応を施す例の他に、5年間隔で大規模なリニューアルを行う場合の参考例が示されています。

3. みんなのアクセシビリティ評価ツールが公開されました
   みんなのアクセシビリティ評価ツール「miChecker（エムアイチェッカー）」を開発、無料で公開しました。miCheckerはJIS X 8341-3:2010に基づき、アクセシビリティに問題のある箇所をチェックするツールです。

【参考例】ホームページの運営サイクルにおけるアクセシビリティ対応の取組み
（5年間隔で大規模なリニューアルを行う場合のイメージ）

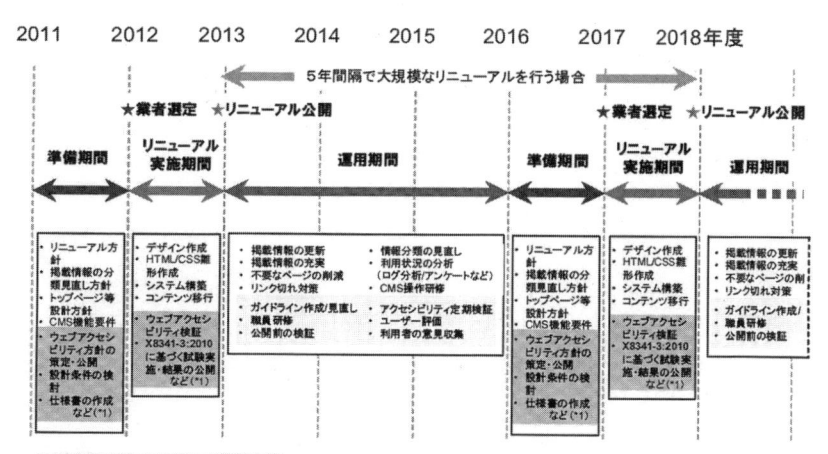

図11-3-1　5年間隔で大規模なリニューアルを行う場合のイメージ
出典：みんなの公共サイト運用モデルに関する研究会「みんなの公共サイト運用モデル（2010年度改定版）ウェブアクセシビリティ対応の手引き」p.10

第2部　図書館Webサイトの構築

11-4　他の自治体Webサイトとの違いを理解する

　図書館のユーザーは実に多様であり、その要求する情報・サービスも多種多様です。

　公共図書館では、基本的に所在地の住民すべてをターゲットユーザーと考えており、それは年齢、性別、図書館までの物理的・時間的な距離、社会的身分、図書館利用能力（経験）、IT・インターネット利用能力、身体的その他の条件等が多岐にわたることを意味しています。

　また、カウンター越しの閲覧業務に就いていると見落としてしまうことですが、「図書館を利用していない、する気がない、その能力がない」住民もターゲットユーザーです。彼らを読書の世界の魅力に気づかせ、読書力の向上を図ることは公共図書館としての重要な目標の一つです。自治体の他の組織の場合は、来訪者はそれぞれに目的を持っている、連絡してくるのに対して、図書館は「こちらの側に顔を向けていない」ユーザーに対して働きかける割合が相対的に大きくなります。

　この「潜在的利用者＝見えない利用者」を意識することは日常の業務においても重要ですが、従来の手段では難しかった非来館利用者に働きかけられるWebサイトというツールでは一段と重要な意味を持ってきます。「純粋な広報（広報・広聴）」という機能は自治体の他の組織のWebサイトも担っていますが、図書館をはじめとする生涯学習関連施設では「生涯学習」としての機能が加わっているところが、大きく異なっています。

　利用者が満足したかどうかの評価が難しいという特性もあります。数値的に明確なゴールが設定しづらく、ランディングゾーンやコンバージョン率といった一般的なWebサイトで用いられる指標が使いづらいのです。

　例えば、来館利用の次元で利用者の目的を考えてみますと、本を借りる、本や雑誌・新聞を読む、調べ物をする、読書仲間と会う、インターネット端末を利用する、暇つぶし、読み聞かせなどの行事に参加するな

11章　図書館Webデザインのポイントとコンテンツ

ど多様ですが、それらの満足度の指標も単純には設定することはできません。貸出数や入館者数の数値だけでは正確な満足度が解析できないことと同じように、図書館のWebサイトも効果を明確に測ることに向いていない面があります。

12-1「Webサイトの効果測定と評価」で、やや強引ですがWebマーケティングの分野での測定方法を紹介していますので、参考にしてください。

11-5　一般的なコンテンツ

コンテンツ例

主なメニューとして次のようなものが考えられます。

Top/Indexページ

Webサイトの入り口。トップページ、メインページ、インデックスページ、ホームページなどと多くの言い方があり、言葉の意味や使い方が混乱しています。

厳密にはWebサイト全体のイメージだけを伝えるページを特にTopページと呼び、企業サイトなどではFlashアニメーションなどを活用している例がよく見られます。図書館ではあまり効果を望めないことと、何度も訪れる利用者が多いため配置しないことが多いです。その場合は次のIndexページにイメージを伝える機能を持たせます。

Topページより入った次のページ（Topページを持たない場合Webサイトの最初のページ）にメニュー機能（ナビゲーション）を持ったIndexページと呼ばれるページが配置されます。これまでに何回か訪れたことのある利用者は、ブラウザのお気に入りに登録してこのページから入ることになります。

メニュー機能（ナビゲーション）を受け持ったページは、特にユニバーサルデザインに配慮した機能・デザインにする必要があると考えてください。

利用案内系
　図書館利用案内、交通案内、施設や館内の案内、開館カレンダー等、所蔵資料の紹介
ニュース系
　新着資料（図書・雑誌、その他）、図書館からのお知らせ、特別展示や行事・イベントの案内、臨時の開館情報
情報検索・提供系
　OPAC、情報検索（オンラインジャーナル・オンラインデータベース、電子図書館的サービスの提供）、横断検索、リンク集、近隣の図書館の案内、ブックリスト
レファレンス系
　レファレンス受付、FAQ（よくある事例の紹介）、購入依頼受付、他館利用案内・受付、情報検索・図書館利用指導（調べ方の紹介）
コミュニケーション系
　ブログ、ツイッター（Twitter）、BBS、スタッフ紹介、図書館応援団、ボランティアのページ
統計・報告等
　規則・規定、各種統計、図書館報告書、図書館協議会・図書館協会
その他
　子ども向けのページ、おすすめの資料の紹介、外国語のページなど

11-6　Webサイトの構成要素の確認

　これまでの章では、ユーザビリティ上の理由、アクセシビリティ上の理由、デザインとナビゲーションのそれぞれに分けて説明してきました。Webサイトの画面で確認しながら、おさらいをしましょう。
　図は左サイドにナビゲーションを配置するパターンです。
　古くからあるレイアウトで2012年の時点でもよく使われていることと、汎用性が高く、小規模から大規模な図書館まで適応できることから事例として取り上げました。他のレイアウトが図書館に適していない訳ではありません。

11章　図書館Webデザインのポイントとコンテンツ

　メインのナビゲーションとして左サイドにメニューのローカルナビゲーションを配置し、タイトル下部にグローバルナビゲーションとパンくずリストを配置しています。大まかなレイアウトは上部のロゴとタイトル、グローバルナビゲーションとパンくずリストまでがヘッダー領域。中央がコンテンツ領域。下部がフッター領域になります。
　中規模から大規模までの図書館に対応していますが、ややコンテンツが多すぎて見づらくなりがちと思われます。腕の良いデザイナーに力をふるってもらう必要がありそうです。

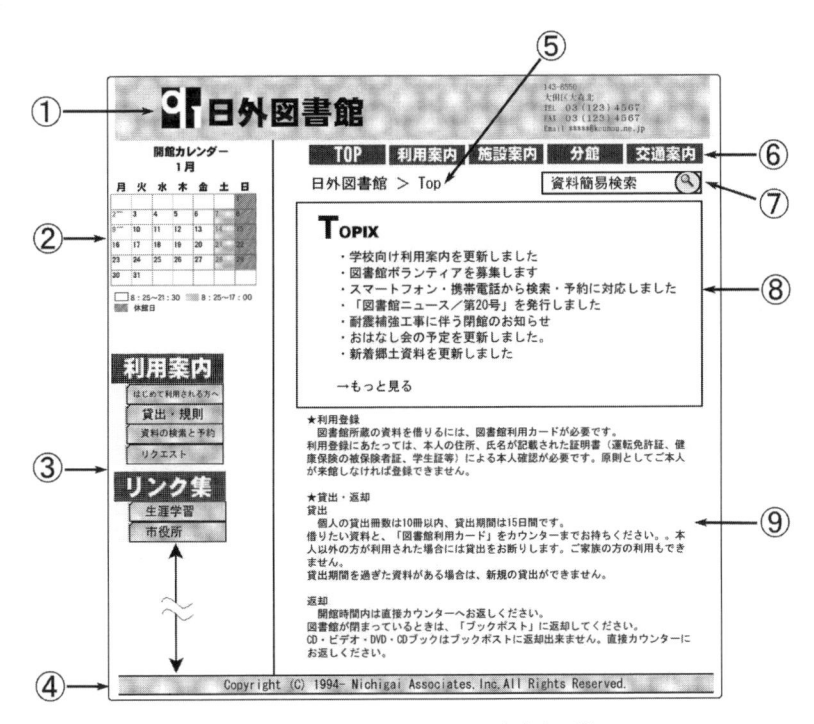

図11-6-1　Webサイトのデザイン例

　では、左上より番号順にレイアウトや配置を中心に、注意点を加えて解説します。

143

第2部　図書館Webサイトの構築

①ロゴとタイトル

　左上隅のセーフティエリアにホームボタンと兼用のロゴを配置しています。このロゴアイコンをクリックするといつでもTopページ（ホーム）に戻ることができます。タイトルには電話番号や住所などの連絡先を組み合わせることもできます。

②カレンダー

　ロゴの下に開館カレンダーを配置しました。カレンダーは利用者がアクセスする率の高いコンテンツです。そのためにセーフティエリアの直近に置きました。クリックすると大きく表示させると良いでしょう。色分けなどで見やすくすることもよく行われますが、必ずALT属性にテキストで休館日などの臨時の情報を付け加え、音声読み上げソフトなどに対応させます。

③ローカルナビゲーション

　メインメニューをここに配置します。右側でも良いのですが左側の方が慣れており、初心者でもなじみやすいと思われます。また、左側に配置すると多くのアイコンを配置できます。最下部には類縁機関などのリンクを配置する場合もあります。画面では俵積みのイメージですが、フロート式にすることやプルダウンメニュー式にして項目別の詳細を表示させることもできます。コンテンツやページの量により検討します。

　正確さを求めるあまりにメニューに長いタイトルを付けることがあります。アイコンが横長になったり、アイコンに二行にわたってタイトルを貼り込んだり、フォントサイズを小さくして無理に押し込む例がありますが、コンテンツ領域が狭くなるので避けましょう。利用者からは大変に迷惑な行為です。

④責任表示

　Webサイトの責任表示です。連絡先や著作権表示を兼ねます。原則としてすべてのページに同じものを同じ位置に配置します。

⑤パンくずリスト

　Webサイトの構造のなかで、今自分がどの位置にいるかを直感的に

知ることができるナビゲーションです。それぞれのメニューにリンクを指定して、直接ジャンプできるようにします。すべてのページにページごとのものを同じ位置に配置します。

⑥グローバルナビゲーション

メニューの大分類をここに配置しました。クリックを繰り返しサイトの奥深くまで潜り込んでいても、別のメニューの先頭ページへ直接ジャンプすることができます。同様の機能をパンくずリストも持っています。原則としてすべてのページに同じものを同じ位置に配置します。

⑦OPACの検索窓

Topページの右側に配置する例が多く見られます。他のページにも配置する場合もあります。詳細な検索ができるページへのリンクも忘れずに設置しましょう。

⑧ニュース（お知らせ）

お知らせの表示エリアはTopページに配置します。すべてのお知らせを貼り付けると膨大な分量になり、むやみと縦に長くなってしまいます。新しいお知らせはタイトルと概要、または最初の数十字のみを表示させておき、クリックまたはマウスの矢印を当てると全文が表示されるようにします。全文を表示した際に一行が横に長くならないように、文章やデザインを工夫します。

やや古くなったお知らせは、タイトルだけを表示して、クリックで全文が表示されるようにすると画面がスッキリとします。さらに古いお知らせは、別のページに過去ログとしてまとめTopよりリンクを張っておきます。

⑨図書館案内など

グローバルナビゲーションからリンクされていますが、お知らせの下に図書館案内などのアクセスが非常に多いコンテンツの概要を配置する方法もあります。その場合の⑧のニュースとのバランスは一般的なパソコンの解像度で見た場合に、お知らせの下に利用案内があることが分かる程度にします。解像度アクセス解析でその時点での傾向を調

べておきます。傾向が大きく変化したときがWebサイトの改装の一つの目安になります。

12章で紹介するWebサイトのチェックツールでは、正しく説明されているかや文章が適切か、全体のイメージから好感を得られるかなどはチェックできません。ましてや、その図書館の利用者のニーズに合っているかどうかは、現場にいる図書館員が一番分かっています。下記を意識してご自分の図書館のWebサイトを確認してください。

① Webサイト全体のメニュー構成は、利用者の探索行動にマッチしているか
② 文章は「ですます調」を基本として読みやすいか。専門用語やカタカナ語、新語、流行語、略語を多用していないか。語の説明はあるか
③ 初心者と既利用者のどちらの要望にも対応できるか。特にまだ図書館を利用したことがなく、はじめてWebサイトを見たような方にもなじみやすくできているか
④ 不足しているコンテンツや無駄なコンテンツはないか。一度作ったコンテンツを必要がなくなったにも関わらずに残している例は多く見られる
⑤ コンテンツをTopページに盛り込みすぎ、煩雑な印象を受けないか。メニューが深すぎて何度もクリックしなければならなくなっていないか
⑥ Webサイトを見て、利用者は図書館に意見や要望、質問を送る気になりそうか。それにきちんと答えていることが確認できるか

Webサイトのチェック項目は実に多く、チェック方法も自分の目で見て確認する方法やチェックツールを使う方法以外に、ユーザビリティテストと呼ばれるものもあります。本格的なテストは時間も手間も費用もかかりますが、簡易なテストならばできますので、専門の解説書やWebサイトを参考に、まず職員同士で行って現状を把握してください。

12章 図書館Webサイト向けのチェックツールとチェックシート

12-1 Webサイトの効果測定と評価

Webによる広報の効果測定

　インターネットを使い、さまざまな情報提供を開始したとして、その効果はどのようにして確認できるのでしょうか。

　これまで、図書館での経営上の効果はどのようにして測定してきたのでしょうか。
　蔵書数、分類別の蔵書構成などから予算の効果を見ることもありますが、Webとは関係ないので、この節では利用者サービスに限定して考えてみます。
　まず、Webを活用しているいないにかかわらず、これまでの統計でも貸出数、入館者数、レファレンス受付・回答数、滞在時間などを性別や年齢などから見ていました。それに費やした労働力や人件費などから、それぞれのコストパフォーマンスも計算できます。
　最近では、図書館に対する満足度調査なども行われてきました。

　同じような項目をWeb経由で行われた数で計測しようとすると、OPACで検索された数や予約された数、Webのフォームやメールで受け付けたレファレンスの数などを具体的な数値として挙げることが考えられます。少々準備が必要となりますが、OPACで検索され所蔵画面まで確認された資料が、設定された日数内に実際に貸し出されたかどうかの比率も、ログを照らし合わせることによって知ることができます。

　では、Webサイトそのものの評価はどのようにすれば分かるのでしょ

うか。

　ここでは、Webサイトの効果の測定について一般的な手段を紹介します。元々が企業サイトでのマーケティングから発展してきていますので、企業での事例が多くなります。図書館には不向きな点もありますが、手法を知っていることは無駄にはなりません。必要に迫られた折に応用を考えてください。

　測定には、ログと呼ばれるWebサーバが記録するさまざまな情報を分析することが必要です。アクセス解析とは、その調査・分析をすることを指します。

　ログは、そのままでは素人にはよく分からない数値と記号の羅列です。解析しやすいように集計・表示するためのアクセス解析ソフトやサービスがあるので、解析の際はそれらを利用することとなります。無償や有償のもの、簡単なものや知識と経験を必要とするものなど数多く用意されています。

Google Analytics（グーグル　アナリティクス）

　アクセス解析ソフト・サービスには、高機能なものや使いやすいもの、無料のものや有料のものとさまざまな形式の種類があります。これから選ぶのであれば、とりあえず、無料のアクセス解析の定番Google Analytics（グーグル　アナリティクス）を使ってみましょう。他の無料アクセス解析サービスは、解析対象のページの画面に広告バナーなどが表示されるなど、業務用としては利用しづらいようです。

　Google Analytics（グーグル　アナリティクス）（http://www.google.com/intl/ja/analytics/）は世界中で導入実績のある高機能アクセス解析ツール、Urchinをグーグルが買い取ったものをベースにしており、ページビュー、検索キーワードの解析、サイト内でのページ移動、ユニークユーザー数、リンク参照元など必要な機能が一通り揃っています。

　Web上からアカウントの申し込みを行い、解析対象のページに集計コードを埋め込んで準備は完了です。なお、定番の大手のサービスだけ

12章　図書館Webサイト向けのチェックツールとチェックシート

に、詳しい使い方を解説したWebサイトや書籍も出版されていることからもおすすめします。

図12-1-1　Google Analytics（グーグル　アナリティクス）

Webマーケティング解析の基本

　ここでは図書館のWebマーケティング解析を行う際のポイントをいくつか細説します。12-2の用語解説を参考にしつつ読んでください。

　Webサイトの効果測定で把握したいこととは下記のようなことではないでしょうか。

- Webサイトの訪問者数や一人あたり何ページを見ているか？
- どのページに人気があるのか、人気がないのはどこなのか？
- 訪問者数が多いのは、いつ頃なのか？
- どのリンクや検索エンジンからアクセスして来たのか？
- 訪問者が逃げているページはどこなのか？

1. サイトの訪問ユーザー数の把握

　1日ごとのユニークユーザー数（UU数）と新規ユニークユーザー数の時間ごとの数値からも色々なことが分かってきます。また、月ご

との利用者登録数の推移や来館利用者数との関係からは、利用者が「いつ図書館に視線を向けるのか」が見えてくるかもしれません。そこからアピールに効果的な時期が把握できます。その時期に重点的にアピールしてみてはどうでしょう。

2. 訪問者は新規訪問者か、リピーターなのか

　　訪問者は新規に訪れたユーザーなのか、再訪問者なのかを把握します。ただし、クッキーの保持期間（30日程度）を過ぎると訪問履歴がクリアされるため、正確な値は出せません。また、訪問者が急に増加した月には何かイベントを行ったり、図書館の広報誌を出版したりしませんでしたか。それらの成功度や効果の計測に活用できます。

3. リピーターの訪問頻度はどの程度か

　　再訪問者の訪問間隔を知ることができます。本来はWebサイトのコンテンツの更新との関係を見ることで、内容が支持されているかを分析します。図書館の場合はメールマガジンやブログの記事が受け入れられているかどうかの推測に活用できます。

4. コンバージョンはどの程度か

　　図書館の場合は通販サイトのようにコンバージョン（最終成果）が明確に測れません。しかし、コンテンツにはOPACや利用案内など成果（利用）につながるようなページがあります。それらのページへの到達率を分析します。

5. ページビュー数（PV）はいくつか？

　　一回につきどの程度のページが閲覧されているのかを把握します。例えば大学図書館の場合は入学直後やガイダンス実施後の増加は当然として、オープンキャンパスや入学試験の時期、合格手続きの時期にもページビューが上がるところもあるかもしれません。学生募集への貢献を大学当局に大いにアピールしましょう。

12章　図書館Webサイト向けのチェックツールとチェックシート

6.PV値の平均値、最頻値、中央値

　いずれの値であっても、一回の訪問でどの程度のページ数を見るのかの解析値です。それぞれに分析できる傾向が異なり、直帰率、コンバージョン率とも関わります。一般のWebサイトでは非常に気にかける値ですが、リピート率の高い図書館では評価に直結しません。図書館の統計や参照値として活用できます。

7.閲覧時間は何時頃なのか

　いつ見に来ているかを分析します。サイト全体の値も気になりますが、ページごとの分析をしてみましょう。開館時間中に「利用案内」や「交通手段」のPVが高ければ、新規利用者の割合が高いと判断できます。夜間に「OPAC」のPVが高いのは悪くないですが、予約件数は連動しているかも見てみましょう。他の統計と見比べると利用者の行動が見えてきます。

8.どの地域からのアクセスが多いのか

　近隣の市の図書館と相互利用協定を結んでいる場合や都心部の乗換駅にある図書館では、市外からのアクセス数が多くなることがあります。あまり詳細に分析できないことと、携帯端末などからのアクセスも混じるため正確さに欠けることがネックですが、参照値として見てみてはいかがでしょう。市民が市外からアクセスする場合もあるので注意が必要です。

9.どのページを見て離脱しているのか

　最後に見たページがサイトを訪れた目的（用事）を達成したページなのかどうかを分析します。図書館のWebサイトの場合は来訪の目的が多彩ですので、まずは利用者の目的のパターンを把握することが必要です。

第2部　図書館Webサイトの構築

12-2　Webマーケティング解析の用語解説

　Webマーケティング解析には聞き慣れない用語や指標がありますので、基本となる用語を説明します。「クッキー」などパソコンでしか使わない用語もありますが、ほとんどは専門的言い回しに惑わされるものの、既知の概念ばかりです。

クッキー

　クッキー（Cookie）とは、ブラウザによって保存されるユーザーや訪問履歴などの情報を指します。Webサイト側がブラウザを経由して閲覧側のコンピュータに最後にサイトを訪れた日時、訪問回数などのデータを保存させて、これを元にユーザーの識別を行い、ユニークユーザーの測定や追跡、ユニークアクセスやセッションの測定時に活用されます。また、経路解析などに用いられます。ただし、利用者側がクッキーをオフに設定している場合などは機能しないため、万全ではありません。

ヒット数

　ブラウザであるWebページを見たときには、HTMLとその依存ファイル群（CSSなどのレイアウトに関するファイルと、GIF、JPEG、SWFファイルなど画像や動画に関するファイル）など複数のファイルを読み込んで表示しています。これらすべてのファイルに対して行われた要求の合計がヒット数です。

セッション

　ユーザーがサイト内で行う一連の行動をまとめて1セッションといいます。同一のユーザーが短時間の間に何ページ読み込もうと、セッションは1です。

12章　図書館Webサイト向けのチェックツールとチェックシート

ユニークユーザー数（UU数）

　ユニークユーザー（unique user）数とは、Webサイト内の特定ページに、その日に見に来た人の実数のことです。延べ人数ではありませんので、同じ人が何回見に来ても1回です。1日の初回のアクセスだけを、主にCookieから判定しています。

　UU数が増えれば新規の利用者が増加したことになりますから、その直前に行った施策、企画、イベントの効果だと推測することができます。

ページビュー数（PV）

　ページビュー数（PV）とは「PV数」「アクセス数」とも呼び、Webサイト内のページが見られた総数を指します。PVは単位としても使われます。PVはただ来訪しただけの数値とは違い「何ページ見たのか」を見るため、Webサイトの評価としてはもっとも利用されています。

トータル ページビュー

　特定の期間の累計がトータル ページビューです。

　個人のWebサイトやブログで「バンザイ！ついに〇〇〇万アクセス達成！」などと見かける数値です。他のWebサイトと競う訳ではない図書館にとっては、あまり意味のない数値ですが「ついに〇〇〇万アクセス達成！」は、サイトのNewsやツイッターで取り上げて明るい話題を増やしましょう。

平均ページビュー

　一人あたり何ページくらい見ているのかを表す数値が、平均PVです。

　平均PV ＝（トータル ページビュー）÷（延べ訪問者数）

　PVは重要な指標ですが、これらの数値が高い低いで一喜一憂する必要はありません。

　例えば、よく訪れる利用者がトップページからすぐに所蔵検索のためにOPACのページに入り、みつけた本を借りるためすぐに図書館に出

第2部　図書館Webサイトの構築

かけるためにブラウジングをやめてしまいました。この場合は、その利用者は大変便利だと感じていることでしょう。しかし、PV数としては低いものになってしまいます。

ユーザーエージェント

　ユーザーエージェントとは、Webサイトの閲覧に使われた端末（パソコンなど）に関する、OSやブラウザの種類とバージョン、ディスプレイの解像度などの情報を指します。ユーザーエージェントを元に分かる情報には下記のようなものが挙げられます。

　OSの種類、ブラウザの種類、携帯キャリア（携帯端末からのアクセスの場合のみ）、検索エンジン、ディスプレイの解像度など

　これらの情報は、Webサイトの新規構築や大規模更新の際の各種の設定や動作チェックの対象を決める判断材料となります。

リファラー

　流入分析に役立つ情報です。アクセスログより、そのページを見る前に見たページの情報が取得できますが、これをリファラーといいます。「参照元」や「リンク元」とも呼ばれます。

　特に自己のWebサイト以外から来た外部リファラーからは、どこから訪れたかその経路（の一部）や流入元を知ることができます。

　これに対し、自己のWebサイト内のリファラーを、内部リファラーと呼びます。こちらはWebサイト内でどのような順番で見ていったかの内部経路を知ることができます。

　代表的なリファラーには、下記の3種類があります。

　　1)　検索エンジン
　　2)　検索エンジン以外のWebサイト
　　3)　ノーリファラー

　1)　検索エンジン
　　　Google、Yahoo!などの検索エンジンで検索して来たことを意味

12章　図書館Webサイト向けのチェックツールとチェックシート

します。データの中には、検索したときに使った検索フレーズやディレクトリなどがあります。
2) 検索エンジン以外のWebサイト
　検索エンジン以外のWebサイトから来たことを意味します。サイト内部のリンクの移動もあります。外部の場合はURLを分析することによって、どのサイトからやって来ているのかが分かります。地域の公共機関Webサイトや他の生涯学習施設からのリンク、ブログ、ツイッターなどが考えられます。

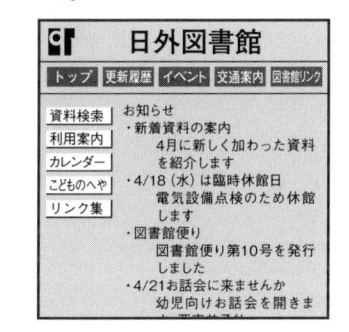

図12-2-1　リファラー

3) ノーリファラー
　リファラー情報がない場合です。ブラウザのお気に入り（ブックマーク）からサイトに来た場合やメールに書いてあったURLをクリックした場合、パンフレットを見てURLアドレスを直接入力した場合などが考えられます。
　メールマガジンを出した直後にノーリファラーが増えたとすると、その号は効果的だったと推測できます。

第2部　図書館Webサイトの構築

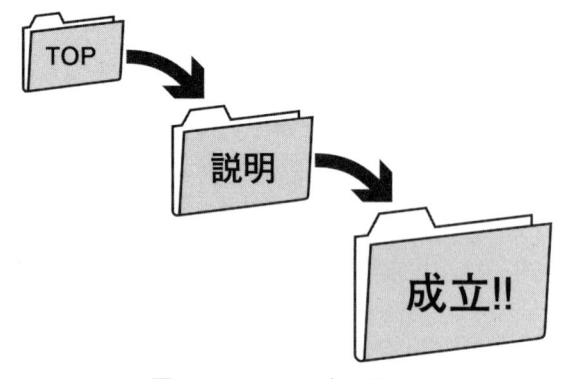

コンバージョン

　コンバージョンとは、そのWebサイトの最終成果、達成目標です。楽天やアマゾンのようなオンラインショッピングWebサイトでは商品の購入がコンバージョンになります。その他、それぞれのサイトの目的によって、資料請求や会員登録、アンケートの回答、イベント参加の申し込みなどの場合もあります。コンバージョンは、Webサイトのマーケティングや評価のためには欠かせない重要な指標ですが、何をコンバージョンとするのかが、それぞれのWebサイトの目的により異なるため難しい面があります。特に、図書館のように非営利の活動であり、図書館のWebサイトの訪問目的が多様な場合は、単一の数値としては把握しづらいと思われます。

図12-2-2　コンバージョン

　一般の商業サイトなどでは、「注文確認」など購買動作の最終ページ（コンバージョンページ）などのセッション数やユニークユーザー数から計算しています。また、企業のイメージアップを目標とするWebサイトの場合は、滞在時間や平均PVなど、「商品リコールのお知らせ」のようにある情報の周知を目的としている場合は、一定時間以上そのページを見ていたユニークユーザー数をコンバージョンとする場合もあります。
　図書館でコンバージョンと考えられるページには、以下のものがあります。

12章　図書館Webサイト向けのチェックツールとチェックシート

① 「OPAC」…………貸出につながる所蔵検索
② 「利用案内」…………開館時間、貸出冊数・期間、利用カードの作り方など
③ 「地図・交通案内」…図書館へのアクセス、駐車場など来館利用に結びつくようなページへのアクセス
④ 「電子資料の閲覧」「オンラインデータベースの利用」「電子書籍の貸出」……………ネットワーク系情報資源へのアクセス
⑤ 「さまざまな募集」「オンラインアンケート」「お知らせ」…期間を限定して掲示したページへのアクセス

　このようにコンバージョンはアクセス解析ツールや広告効果測定ツールだけに頼るという訳にはいきません。コンバージョンページはどこにあたるのか、そもそも何を目的として開設しているのかを根源から考える必要があります。そのことが図書館のWebサイト全体の向上につながります。

直帰（率）
　直帰とは、検索エンジンや他サイトのリンクや自身のお気に入りから来た閲覧者が、すぐに出て行ってしまったことです。他のページを見ることなく出て行ってしまった訳ですから、好ましい数値ではありません。直帰率とはその割合（％）です。
　利用者が勘違いしてやって来たために発生した直帰であれば問題はありません。
　問題にしなければならないのは、利用者が期待していたコンテンツ（サイトの内容または情報）とTopページで確認できたコンテンツが一致しないために発生している場合です。本当に期待したコンテンツがない場合もあるでしょうし、実際にはあるけれどもそれがTopページで確認できない場合もあります。前者であれば期待に応えられるようなコンテンツを準備することによって解消されます。後者であればTopページのユーザビリティを向上させることで解決が期待できます。

第2部　図書館Webサイトの構築

また、見づらく読みづらい印象をあたえてしまうようなデザインのために発生している場合は、デザインの変更により改善されることがあります。

離脱

離脱とは、利用者がそのページを最後として出て行ってしまったこと。または、ブラウジングを終了してブラウザを閉じたことを言います。離脱率とはその割合（％）です。

最後に見たページの離脱数÷最後に見たページのページビュー数×100（％）

利用者の目的を達成して終了してくれることが望ましいのですから、離脱率の高いページがコンバージョンのページであれば、むしろ好ましいと考えてください[注44]。

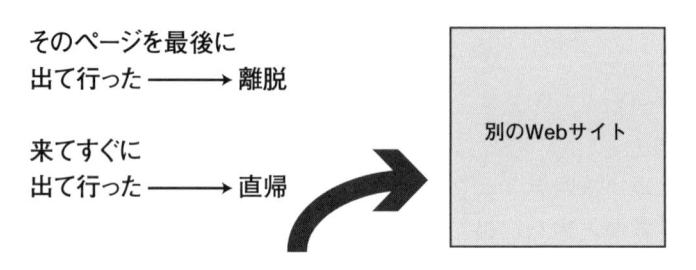

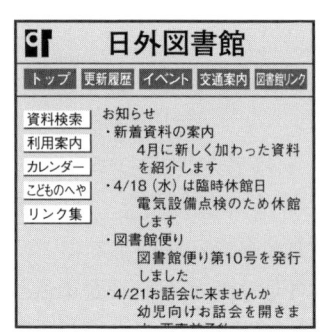

図12-2-3　離脱

注44）離脱率には直帰数もカウントされているので、直帰率が高いページは離脱率も高くなる

12章　図書館Webサイト向けのチェックツールとチェックシート

12-3　Webサイトの各種チェックツールの紹介
ユニバーサルデザインのチェックツール

　Webサイトのアクセシビリティやユーザビリティをチェックするツールは各種提供されています。下記に代表的なチェックツールを紹介します。

みんなのアクセシビリティ評価ツールmiChecker（エムアイチェッカー）（総務省）
　http://www.soumu.go.jp/main_sosiki/joho_tsusin/b_free/miChecker_download.html
　miCheckerはJIS X 8341-3:2010に基づき、アクセシビリティに問題のある箇所をチェックするツールです。
　　　　　　　　　　＊2012年3月1日現在miChecker Ver.1.0を公開中

Web Accessibility Toolbar 1.2.1 日本語版（インフォアクシア提供）
　http://www.infoaxia.com/tools/wat/
　Windows版Internet Explorerにプラグインしたツールバーを使って、Webページのアクセシビリティをチェックしたり、シミュレーションしたりすることができるツール。元々はオーストラリアの視覚障害者団体が設立したNPOのNILSが開発しました。Webコンテンツのアクセシビリティを検証するために、個人的にまた非商用目的に利用することができます（商用目的の場合は要問い合わせ）。
　英語、スペイン語、フランス語、イタリア語、日本語、韓国語の各言語版がありますが、日本語版のローカライズをインフォアクシアが行い、無償で配布しています。

ウェブヘルパー Ver1.0/2.0/2.0R（総務省）
　http://barrierfree.nict.go.jp/accessibility/helper/index.html
　総務省が開発したウェブヘルパーは、日本語ウェブページのアクセシ

第2部　図書館Webサイトの構築

ビリティを日本語に適した基準で点検・修正するためのシステムです。日本語ウェブコンテンツのアクセシビリティ状況を容易に点検することができます。Ver2.0/2.0Rは2003年に公開されました。ウェブヘルパーのマニュアル等のさまざまな情報も公開されています。JIS X 8341-3:2004「ウェブコンテンツ」の制定前に作成されているため、基準が古い感もあります。

WebInspector5.1（富士通）

http://jp.fujitsu.com/about/design/ud/assistance/webinspector/
WebInspector（ウェブインスペクター）は、富士通が開発したWebサイトのアクセシビリティを診断するソフトウェアです。主に高齢者や視覚に障害のある方にとって、重要な問題を指摘します。「WebInspector 5.1チェック結果とJIS X 8341-3:2010の対応表」やFAQが整備されているなど、マニュアルや解説・FAQが十分で、使いやすいのが特徴です。

LIFT for Macromedia Dreamweaver 2.2日本語版（ソシオメディア）

https://www.sociomedia.co.jp/687
LIFT for Macromedia Dreamweaver（LIFT）は、アドビ社のDreamweaver MX 2004/MXの機能を拡張し、ウェブ・コンテンツのアクセシビリティ・ガイドラインへの適合/不適合をチェックするソフトです。日本語のWebサイトに対応するためにソシオメディア社による日本語コンテンツのアクセシビリティ・ガイドラインが追加されています。

12-4　簡便なWebサイトチェックシートの活用

　12-3で紹介したチェックツールは、それぞれに得意不得意はありますが、単品で不足する場合は複数のツールを組み合わせることによって十分にカバーできます。

　公共図書館であれば、現状では「みんなの公共サイト運用モデル改定版」で公開されているmiChecker（エムアイチェッカー）で間に合うと思います。

　Webサイトを詳細にチェックし、技術的な内容も多く含むため、結果の解釈に知識・経験が必要のようです。まったくのWebマスター初心者がすぐに使用するには難しいかもしれません。

　そこで現状での問題点の把握や日頃の更新作業に生かせるように、図書館員が手軽にチェックできるように小規模な図書館Webサイト向けのチェックシートの作成を試みました。

　JISやWC3などに準拠した十分なアクセシビリティ／ユーザビリティのチェックはできませんが、閲覧サービスやその他の係を兼務するWebサイトの担当の図書館員が自分のサイトの現状を一目で把握できるように、最低限必要とされる項目に絞り、また一方で図書館固有の項目を付け加えてあります。

　シートは、カテゴリーをアクセシビリティとユーザビリティに大別し、アクセシビリティはJIS X 8341-3:2010の四つの一般原則ごとにリスト化しました。

　アクセシビリティでは、JIS X 8341-3:2010の各原則でレベルAに属するものを取り上げています。レベルAはいかなるWebサイトにおいても実現すべき内容であり、実現されない場合に利用者に与える不利益が大きいことが見込まれ、図書館のWebサイトでも必須と考えます。

　一部にレベルBに属する項目がありますが、これは「実現がたやすく手が付けやすい」「これまでにも指摘され続けてきたポイントであり常

第2部　図書館Webサイトの構築

識化している」など、レベルAとBの境目と考えられる項目です。

　ユーザビリティでは、これまで一般的に実現されてきている内容を取り上げました。「図書館固有」の項目は、図書館のWebサイトを閲覧に訪れた利用者の行動を想定して設定しています。特に着目したのは「繰り返し何度も訪れる利用者」で、図書館のWebサイトの場合はOPACや開館カレンダーなど、毎回のようにアクセスされるページがあるため、その点を考慮しているかどうかをチェックしています。
　正確にはユーザビリティの概念ではありませんが「著作権・肖像権・個人情報」の項目は、重要なポイントの割には手軽に実現できるので取り上げて、かつユーザビリティの項目にまとめました。
　このように内容的には、これまでにWCAG1.0やJIS X 8341-3:2004,「インターネットにおけるアクセシブルなウェブコンテンツの作成方法に関する指針」などで指摘されてきた内容が多く、また、ほとんどのWeb作成ソフトのチェック機能に項目として取り入れられていることなどから、多くのWebサイトですでに取り入れられているものばかりと予想されます。現時点でこれらのチェック項目に該当する問題点が残っているようならば、早急な対策を行うべきでしょう。

　11-3で取り上げた「みんなの公共サイト運用モデル改定版」では「国及び地方公共団体等の公的機関は、「みんなの公共サイト運用モデル」を参考に、各団体の事情を踏まえて期限と達成等級を検討し、できるだけ速やかに対応してください。」と早急な着手を求めています。このチェックシートでは、等級Aを完全に満たしているとは言えません。その意味ではこのシートは「このような現状なので早急に着手する必要があります」といった問題提起の根拠としての使い方がふさわしいかもしれません。

12章　図書館Webサイト向けのチェックツールとチェックシート

12-5　図書館向けのWebサイトチェックシート
図書館Webサイト向けのユニバーサルデザインチェックシート

アクセシビリティ	知覚可能	不必要なスペースや記号はないか
		読み上げに問題ない表現・表記とされているか
		背景色と同系色を使っていないか
		文字と背景は明度差125以上、色差400以上を確保しているか
		フォントはゴチック体を基本とし10ポイント以上を確保しているか
		必要以上に色を使っていないか
		色彩だけで表現していないか
		表、図にはキャプションをつけているか
		画像は内容と合致しているか
		アイコンなどリンクを伴う画像には適切な代替テキストをALT属性に記述しているか
		テキストリンクの色は他の文字色と区別できるか、未訪問と既訪問の区別はできるか
		レイアウトを目的としてテーブルを使用していないか
		見出しタグを適切に使用しているか
		表にはタイトル行をつけ、読み上げた上で表内情報を分かりやすくしているか
		視聴覚メディア（動画など）は音声のみ、視覚のみの情報提供にならないよう、字幕スーパーや音声注釈などを併用しているか
	理解可能	フォームなどの入力欄で入力制限（必須、半角英数など）の表示は、フィールドの前に表記されているか
		イメージファイルのファイル名に全角英数、又は日本語を使っていないか
		サイト全体でレイアウト・ナビゲーションを統一しているか
		ナビゲーションの用語、構文を揃えているか
		ナビゲーションを機能・目的別に区別してあるか
		文字サイズの変更のナビゲーションは分かりやすいか
		ナビゲーションメニュー・スキップを用意しているか
	頑健性	言語コードを記述しているか
		マークアップ言語は正しい論理構造を構成しているか
		サイトの公開や更新の前に検証サービスやツールを用いて動作や文法を確認済みか

第2部　図書館Webサイトの構築

ユーザビリティ	図書館固有	Topページでその図書館で提供しているサービスの概要が把握できるか
		Q&Aのページを用意してあるか。Q&A、FAQは図書館利用案内を含めているか
		OPACやその他のオンライン情報源へのリンクをまとめたページがあるか
		OPAC、レファレンス、開館カレンダーなどよく利用する来訪者向けのリンクが明確に張られているか
	テキスト表示	文字に下線が使われていて、リンクを表す下線と間違えやすくなっていないか
		連絡先、メールなどの表記は適切であり、全体で揃っているか
		文章は簡潔で分かりやすいか
		文字のサイズは適当か
		行間は適切に空けているか
		斜体文字をむやみに使用していないか
	デザイン	イメージファイルの容量およびサイズは適切に設定されているか
		ページのデザインは視線の動線にあわせた配置になっているか
		ページの幅や長さが長すぎないか
	リンク	中央館や分館、類縁施設へのリンクは明確か
		リンクの文字列はリンク先の内容を正しく想像できるものにし、アンダーラインを設定しているか
		リンクは同じウィンドウに開くか、また特に必要な場合を除きポップアップウィンドウが開かないか
		mailto：リンクを使用する場合は、メールソフトが立ち上がることを明記しているか
	著作権・肖像権・個人情報	プライバシーポリシーや個人情報の保護について立場を明らかにしているか
		著作権や肖像権などに違反していないか
		すべてのページに著作権表示が明示されているかどうか
		不用意に個人が特定できる写真などを使っていないか
		個人情報を入力させるフォームの場合は、SSL通信を設定しているか

13章　まとめ

　序章で、私が行った島根県公共図書館職員専門研修のアンケートの一部を紹介しましたが、ここでは同アンケートより職員間のグループ学習の話題を取り上げます。

　「各図書館からの情報は大変参考になりました」「現場担当者が話せる機会があると良いと思います」「話し合う機会がたっぷりあってとても参考になりました。普段、迷っていることを聞く機会はあまりないので、とても良かったです」「近隣の図書館の皆さんと情報交換できて、とても良かったです」などの声です。

　各地の研修に参加してきた実感では、図書館員は館種を問わず大変に勉強熱心な方ばかりでした。常日頃は、気になっていても忙しくて解決できない問題を、ここぞとばかりに学習し、身につけようという意気込みを感じます。

　しかし、それは研修でなければ解決できないことではありません。近隣の図書館員同士の学習グループの話し合いで、あるいは相互評価やグループディスカッションで、解決できることも多いはずです。

　私が大学図書館員になったばかりの頃に参加した図書館員の新任者研修で「相談や情報交換のできる他館の同業者の知り合いを多く作りなさい」と言われたことが深く印象に残っています。

　何かを新しく導入しようとするときに、業者のカタログだけでは知ることのできないさまざまな情報や実例を他館の方から教えていただきましたし、こちらもわずかながらも情報を提供するようにしました。近隣の図書館員同士の学習グループは本当に有効です。

　さて、本書のなかで広報の対象者は組織の内部も含まれると述べました。私たちは自分をも広報活動の対象者と捉え、自分自身に図書館の存在意義と今やるべきことを広報していくべきではないでしょうか。いわ

ゆる図書館員同士の学習活動も、より大きく捉えれば広報活動の一翼を担っています。

　各地の研修で、遠距離からやって来た参加者が名残惜しそうに、同時にかなり急いで会場を後にするシーンを見かけました。研修で新しい情報を得た後こそ、同業の皆様と意見交換したかったのではないだろうかと思っていました。この「距離」については、ソーシャル・ネットワーキング・サービスを活用することによって、これまでの地理的な距離という条件が緩和されます。同じように「機会」についても日常の業務のなかに組み込んでいくことが可能です。わざわざ出張願いを書かなくても、ある程度は解決することができます。すると、研修の機会にはもっとレベルの高い学習が可能となることでしょう。

　本書では、コミュニケーションが一つのキーワードとなっています。広聴やソーシャル・ネットワーキング・サービス、Webユニバーサルデザインもそうです。「利用者のために」という面を強調して書いてありますが、まず図書館員が存分に活用し、その価値を実感したのちにこそ、利用者への十分なコミュニケーションサービスの提供が可能になると考えます。

　広報もソーシャル・ネットワーキング・サービスもWebサイトも手段にすぎません。皆様がそのサービスの本質を理解して、これからの図書館活動に生かしていくことを願っています。

14章 巻末資料

　図書館のブログとツイッター、フェイスブックのリストを載せます。
　どのような記事を発信しているのか、また、発信の頻度などの参考にしてください。掲載順については、ほぼ見つけた順です。（2012年2月28日現在、紹介文は6月20日現在の内容）

図書館のブログ（blog）

　横芝光町立図書館
　稲城市立図書館
　北見市立図書館
　村上市立図書館
　ふじみ野市立図書館
　千代田区立図書館
　福井県立図書館（フェイスブックもある）
　鯖江市図書館（毎日更新）
　小布施町立図書館
　御前崎市立図書館
　吉川市立図書館
　宮崎県立図書館
　真岡市立図書館
　釧路市立図書館
　市貝町立図書館・歴史民俗資料館
　上三川町立図書館
　播磨町立図書館
　九州大学図書館
　市立竹原書院図書館（館長エッセイ）　　　　　　　（以上：順不同）

図書館のツイッター（Twitter）
公共図書館
toshokki としょっき～
　豊橋図書館はまもなく100周年。わが町の誇れる図書館のニュースをつぶやきます！

noheji_library 野辺地町立図書館
　読書で始まる、心豊かな暮らし！本の森"図書館"でゆっくりおくつろぎ下さい。6万冊以上の蔵書がパソコンや携帯電話から検索する事ができます。

iwate_pref_lib 岩手県立図書館
　岩手県立図書館の公式アカウントです。イベント情報やホームページの更新情報、休館日情報などをつぶやきます。アイコンは当館マスコットキャラクターの「そめちゃん」です。ご意見・お問い合わせは、ホームページに掲載されている問い合わせ先までお願いいたします。

lib_yamanakako 山中湖情報創造館（図書館）
　富士の麓の知の書斎。山中湖村の公共図書館機能を有する施設です。

mizlib_komadori 瑞浪市民図書館
　瑞浪市民図書館の運営を委託されているNPO法人「こまどり会」です。図書館スタッフがつぶやいています。（瑞浪市は、岐阜県東濃にある穏やかで素敵な街です。美濃焼と化石で有名で、最近はバサラカーニバルを行っています）

tajimi_lib 多治見市図書館
　多治見市図書館（岐阜県）のイベントと所蔵資料の情報などをおしらせします。図書館の管理運営を受託している（公財）多治見市文

化振興事業団の図書館スタッフがつぶやきます。

Fukui_Pref_Lib 福井県立図書館
　福井県立図書館です。ティーンズコーナー担当者が主に中高生向きの本の情報、イベントの情報をつぶやきます。たまに覚え違いタイトルもつぶやくかも。

nlib_now 中津川市立図書館なう
　中津川市立図書館の公式アカウント（その2）です。◆市立図書館についての話題にはハッシュタグ『#nlib』をご利用ください。◆図書館の情報を定期的に呟く「中津川市立図書館のひとりごと」はこちら→『@nlib_bot』

narita_library 成田市立図書館
　成田市立図書館は1984年10月に開館した公共図書館です。住民の課題解決や暮らしに役立つ情報を提供し、積極的な図書館サービスを展開します。Twitterは2010年4月21日より開始しています。

TottoriPrefLib 鳥取県立図書館
　鳥取県立図書館の公式アカウントです。図書館のイベントや所蔵資料についての情報を発信します。図書館をもっと身近に！
　※質問にはすぐにはお答えできない場合があります。資料調査の相談等はメールでお願いします。（平成23年9月7日開始）

lib_yhikari 横芝光町立図書館
　新着…おすすめ…本の紹介いろいろ

lib_sammu 山武市立図書館
　山武市立図書館です。成東図書館・さんぶの森図書館・松尾図書館3館の情報をツイートします。休館日情報や、新刊情報、企画・事業情報など・・・。

kumenan_library 久米南町図書館
　久米南町図書館公式ツイッターです。開館時間は午前10時から午後6時までです。休館日は火曜日です（火曜祝日の場合は翌日休館日）。ツイッターでは、図書館のイベント情報や、新着本をご紹介致します。※返信はしていませんので、ご了承下さい。

nplic 奈良県立図書情報館 白鹿くん
　図書館大会で働くために現れた突然変異の白鹿。いつも忙しそうにしているが、何をしているのかは謎。 春日大社の神様を連れてきた白鹿の子孫（だと信じている）真っ白になるまで働くという意味もあったりする謎の鹿。

tm_library 東京都立図書館
　都立図書館の公式アカウントです。ただいま試行運用中。イベントやHPの更新情報、図書館での出来事などをつぶやきます。更新は基本的に平日9時〜5時30分の間に行います。ご意見・お問合せは、HPの問合せ先までお願いいたします。【担当】企画経営課

国立国会図書館

unicanet 国立国会図書館関西館図書館協力課
　国立国会図書館の『総合目録ネットワーク（ゆにかねっと）事業』の公式アカウントです。更新情報をお知らせしています。基本的に当アカウントからのフォローやリプライ（返信）は行いませんのでご了承ください。ご意見・ご質問は http://iss.ndl.go.jp/information/contact/ へお願いします。

crd_tweet 国立国会図書館関西館図書館協力課
　国立国会図書館の『レファレンス協同データベース事業』の公式アカウントです。アイコンは、イメージキャラクターの「れはっち（rehatch）」です。イベント情報やおすすめ事例などをつぶやきま

す。ご意見・ご質問は https://crd.ndl.go.jp/jp/library/contactus.html へお願いします。

ca_tweet 国立国会図書館関西館図書館協力課
　国立国会図書館のウェブサイト『カレントアウェアネス・ポータル』で配信中の速報ニュース、「カレントアウェアネス-R」のタイトルを中心にお知らせしています。

その他図書館関係

genkina_yoyolib げんきな代々木図書館
　渋谷区立代々木図書館の運営を受託しているNPO法人げんきな図書館のTwitterです。代々木図書館勤務のスタッフがつぶやきます。

caliljp 図書館検索 カーリル
　図書館検索サイト、カーリル（http://calil.jp/）です。質問・要望・リファレンス受付中！スタンプラリーの速報は@calilrallyにて。face bookページはこちらhttp://www.facebook.com/caliljp

mikasalib 三笠宮記念図書館
　中近東文化センターにある中近東の専門図書館。図書館事業の他にも講演会など様々な活動を行っています。ちなみにアイコンはシュリーマンの著作。背景は古代エジプト生まれの青カバ「ルリカ」君です。

LF_News 図書館総合展
　図書館総合展では、図書館を使う人、図書館で働く人、図書館に関わる仕事をしている人たちが、「これからの図書館」についてともに考え、「新しいパートナーシップ」を築いていける、コミュニティ創りをめざしています。

大学図書館

tsukubauniv_lib 筑波大学附属図書館
　筑波大学附属図書館の公式Twitterアカウントです。筑波大学附属図書館からのお知らせを随時ツイートいたします。なお、このアカウントにコメント頂いてもお返事いたしかねる場合がありますので、筑波大学附属図書館へのご意見・ご質問は図書館Webページの「お問い合わせ」→「ご意見・ご要望」からお願いいたします。

KagawaUnivLib 香川大学図書館
　香川大学図書館の公式アカウントです。中央館・医学部分館・工学部分館・農学部分館があり、学内の方だけでなく一般利用者にも入館から貸出までサービスしています。また、駐日欧州連合代表部から香川大学EU情報センターとして認定されています。主催事業や関連情報についてツイートします。香川・岡山・図書館を中心にフォローしています。

mrctwi 中京学院大学図書メディアセンター
　岐阜県中津川市・瑞浪市にある中京学院大学の図書メディアセンターです。図書館とICT関連の設備を持ち、学生と地域に開放しています。ぜひご利用ください。

hito_lib 一橋大学附属図書館
　一橋大学附属図書館のガイダンスをご案内します。本サービスは、4月のガイダンス期間中の試行です。当アカウントからフォロー、リプライ、RTすることはありません。 当館に対するお問い合わせ・レファレンスはレファレンス相談フォームまでお願いします。#hitolibguidance

LibKGC 郡山女子大学図書館
　福島県郡山市にある郡山女子大学図書館です．2011年3月11日に

東北地方太平洋沖地震に罹災し，現在は余震と原発とJRの状況を横に睨みながら，利用者へのサービスに取り組んでいます。今日も1日，笑顔で乗り切りましょう！

QLib_info 九州大学附属図書館
　九州大学附属図書館のニュースをご案内します。このアカウントは情報発信のみ行いますので、フォロー、リプライはいたしません。ご質問などがございましたら、図書館ウェブサイトに掲載のお問い合わせフォームよりお願いいたします。

OkayamaUnivLib 岡山大学附属図書館
　岡山大学附属図書館の公式アカウントです。このアカウントからは図書館のニュースなどを発信しますが、返信することはいたしません。ご質問などがございましたら、当館ホームページの「お問い合わせ」に掲載の連絡先までお願いいたします。

Ehime_Univ_Lib 愛媛大学図書館（試行）
　愛媛大学図書館の公式アカウント（試行）です。このアカウントからは図書館のニュースなどを発信しますが，返信はいたしません。ご質問がございましたら，当館ホームページの「お問い合わせ」からお願いします。

lilika_toyama 富山大学附属図書館のLiLiKaです。
　【試行版】LiLiKa（りりか）は富山大学附属図書館のマスコットキャラクターです。中央図書館（五福キャンパス）、医薬学図書館（杉谷キャンパス）、芸術文化図書館（高岡キャンパス）から、イベントのお知らせ、本や施設の紹介などの情報を発信しています。Let's enjoy Library Life!

view_kun 聖学院大学総合図書館
　こんにちは！ボク図書館のマスコット・ふくろうのviewくんです。

Twitterで、図書館の予定なんかをつぶやいています。みなさんのフォローをお待ちしています！

wmul_k 和歌山県立医科大学図書館 紀三井寺館
新着図書からスタッフのホンネまで!?和歌山県立医科大学図書館紀三井寺館のお知らせをご案内します!!

nuhw_lib 新潟医療福祉大学図書館
新潟医療福祉大学図書館公式アカウントです。新着図書や図書館に関すること、データベースのトライアル情報等つぶやきます。原則として個人のフォローは行いません。お問い合わせは、こちらではなく図書館HPへお願いします。 by BOOK WORM

hagi_no_suke Tohoku Univ. Library
東北大学附属図書館の公式アカウントです。東北大学生の学習と生活のためにつぶやきます。http://twilog.org/hagi_no_suke

SagaUnivLibrary 佐賀大学附属図書館
佐賀大学附属図書館の公式アカウントです。図書館からのいろいろなお知らせや情報をツイートしていきます。佐賀大学附属図書館は本庄キャンパス本館と鍋島キャンパス医学分館の2館からなり、佐賀大学内者はもちろん学外の方にもご利用頂けます。

lib_seiryo 新潟青陵大学図書館
新潟青陵大学・新潟青陵大学短期大学部図書館からのつぶやき的なお知らせ

lib_josai 城西大学水田記念図書館
埼玉県坂戸市にある城西大学の図書館です。

shirayuri_lib 白百合女子大学図書館

　白百合女子大学図書館　Shirayuri College Library　の最新情報を発信していきます。

(以上：順不同)

図書館のフェイスブック（Facebook）

千代田東京都立図書館

　http://www.facebook.com/tmlibrary/
　東京都立図書館の公式Facebookページです。現在、試行運用中です。
　説明　都立図書館は明治41（1908）年に開館した東京市立日比谷図書館に端を発します。
　現在は、中央図書館、多摩図書館の2館により構成され、国内公立図書館最大級の豊富な資料と、司書をはじめとするスタッフにより、使いやすく信頼される図書館として皆様の調査研究から、身近な生活に役立つ各種情報まで支援しています。
　また、都内公立図書館へのバックアップ（資料の貸出しやレファレンスの支援）など、2館が一体となって様々なサービスを行っています。
　新しい世紀において、「生涯学習の身近な拠点」として、またあふれる情報の「水先案内人」、時代を超える「文化の記憶装置」として、情報革命の時代にふさわしいサービスをさらに充実してまいります。

千代田図書館　企画チーム

　http://ja-jp.facebook.com/pages/
　説明　千代田区立千代田図書館の企画チームが企画・運営する展示、イベントの情報を発信する公式ページです。個人的なお友達リクエストにはお応えできませんので、ご了承ください。

千代田区立日比谷図書文化館

　http://ja-jp.facebook.com/hibiya1
　図書館と博物館、ホール・会議室を備えた、総合文化施設です

説明　2009年に旧・都立日比谷図書館が千代田区に移管され、千代田区によって改修工事を行い、千代田区の新たな図書館としてオープンいたします。

都立日比谷図書館から引き継いだ「図書館機能」に、「ミュージアム機能」と「カレッジ機能」を融合させ、来館者の「学び」と「交流」を支援する、新しい総合文化施設です。

山中湖情報創造館

https://www.facebook.com/lib.yamanakako

ミッション

生涯学習、文化向上、リクリエーション

会社概要

山梨県 山中湖村立の図書館機能を有する公共施設です。2004年4月の開館時より指定管理者制度をはじめて導入した公共図書館。

指定管理者：NPO法人地域資料デジタル化研究会

市川駅南口図書館

http://www.facebook.com/pages/市川駅南口図書館/266041886748358

短時間滞在型の駅前情報拠点ICタグ図書館システムを導入ビジネス支援サービスを実施健康・医療情報提供を充実地域との事業連携を展開

説明　43,000冊（平成21年度5月現在、一般書34,000冊　児童書9,000冊）、DVD 500点、雑誌 50種、新聞4種

福井県立図書館

http://ja-jp.facebook.com/FukuiPrefLib

福井県立図書館です。

ミッション　図書、記録その他必要な資料（以下「図書」という。）を収集し、整理し、保存して、一般公衆の利用に供し、その教養、調査研究、レクリエーション等に資することを目的として、福井県

立図書館（以下「図書館」という。）を設置する。（福井県立図書館設置条例　第一条）
説明　名古屋市からの福井震災義捐金500万円を基に松平家別邸養浩館跡地、福井市宝永3丁目に木造2階建でスタートした図書館です。現在の場所には、平成15年2月1日に新築移転しました。
福井県にゆかりのある情報を集めた「郷土資料コーナー」、環日本海地域の情報を集めた「環日本海コーナー」、福井にゆかりの作家の作品を集めた「ふるさと文学コーナー」、就職活動や起業に役立つ情報を集めた「ビジネス支援コーナー」、中学生までのお子さんを対象にした「子ども室」、「一般資料コーナー」を設置しています。
このfacebookでは、主に中学生・高校生をターゲットとする「ティーンズコーナー」を担当するものが、ティーンズ向けのイベント情報、本の情報を発信します。

武雄市MY図書館

http://ja-jp.facebook.com/takeomylibrary
説明　「武雄市MY図書館」は、佐賀県武雄市図書館・歴史資料館が保有する図書を、iPadで24時間いつでも借りることができる、日本初のiPad電子図書館サービスです。
発刊図書の紹介やアプリの更新情報、日々の取り組みなど、たくさんの情報を発信していきます。

瑞浪市民図書館

http://www.facebook.com/pages/瑞浪市民図書館/162636563800696
瑞浪市民図書館（こまどり会）
Description　岐阜県瑞浪市にある公共図書館。現在はNPO法人「こまどり会」が運営を委託されています。（このページを更新しているのも、「こまどり会」の職員です）
郷土資料の収集に力を入れており、現在「知っとらっせる？瑞浪・土岐・多治見」という郷土コーナーも充実させています。

また、館内では「ミニ展」として特別展示を毎月開催中です。
市内の来館が難しい方向けに、「図書宅配サービス」なども実施。
各種ボランティアさんに支えて頂いている、中小図書館です。

南三陸町〈仮設〉図書館 ※非公式運用
http://www.facebook.com/MinamisanrikuTempLib
南三陸町図書館（※東日本大震災による津波で全壊）の依頼に基づいて代行制作・運用しています。
説明　東日本大震災による津波で、建物・資料が完全に流出しましたが、2011年10月5日（水）、ベイサイドアリーナにてプレハブや移動図書館車、トレーラーハウスによる仮設図書館を再開しました。
なお、本Facebookページは、saveMLAKプロジェクトの南三陸支援チームによって非公式という位置づけで運用されています。

いわてを走る移動図書館プロジェクト
http://ja-jp.facebook.com/SVA.Mobile.Library.for.Iwate
ミッション　立ち読み、お茶のみ、おたのしみ
説明　岩手の沿岸部に本を!!
移動図書館車に本を積んで、岩手県陸前高田市、大船渡市、大槌町、山田町の仮設住宅を中心に巡回しています。
本の貸し出しはもちろん机やいすを用意していますので、立ち読みやおしゃべり、お絵かきを楽しむのも大歓迎。読みたい本のリクエストにもお応えしています。

心のとしょかんプロジェクト　避難所にちいさな図書館を贈ろう
http://www.facebook.com/kokoronotoshokan
「避難所生活の方々に本を贈って少しでも元気づけられないか」そんな思いでスタートしたプロジェクトです。ご協力いただける方を募集しています!!
ミッション　避難所生活をされている方々に「心のとしょかん」を

お届けし、少しでも元気づけたい
説明　「心のとしょかんプロジェクト」は、避難所生活をされている方に本の寄贈し、勇気づけるためのプロジェクトです。
避難所生活の方々に喜んでいただける本を選定し、集め、リサイクル可能な強化ダンボール製の本棚に並べ避難所にお届けします。

清泉女子大学附属図書館 / Seisen University Library
http://www.facebook.com/pages/清泉女子大学附属図書館-Seisen-University-Library/170406273057823
説明　清泉女子大学附属図書館のページです。清泉女子大学の利用者のみなさまに有意義な情報を発信していきます。

嘉悦大学情報メディアセンター図書館
http://ja-jp.facebook.com/pages/嘉悦大学情報メディアセンター図書館/115569181842527?sk=wall
説明　嘉悦大学情報メディアセンター
図書館情報
http://imc.kaetsu.ac.jp/
学生スタッフ：Lissブログ　図書館の企画やLissの作業を紹介。
http://liss.kaetsu.ac.jp/
ブクログ本棚　毎月の新着図書や特集コーナーでの本、図書館内の本を登録。
http://booklog.jp/users/kaetsulib
パブー本棚　2010年春学期の授業（データーベース技法）で学生が製作した本を登録。
http://booklog.jp/puboo/users/kaetsulib

香川大学図書館（中央館）
http://www.facebook.com/KagawaUnivLib
香川大学図書館（中央館）の公式フェイスブックです。学生はもち

ろん、一般の方からの「いいね！」も◎ よろしくお願いします♪
　Googleのブログ・twitterもアップ中★
ミッション　香川大学における教育及び研究に必要な資料を収集、管理し、併せて学術情報システムを整備することにより、本学学生・教職員の利用に供するだけでなく、地域社会の活性化を後押しするため、郷土香川やその周辺地域に生きる人々の学びを手助けするための学術情報サービスの充実に務めています。
説明　香川大学図書館（中央館）の公式フェイスブックです。香川大学図書館は中央館・医学部分館・工学部分館・農学部分館があります。中央館では、学内の方だけでなく一般利用者にも入館から貸出までサービスしています。また、駐日欧州連合代表部から香川大学EU情報センターとして認定されています。
基本情報　香川大学図書館の蔵書数は約92万冊（内約58万冊館外貸出可）です。総合大学の図書館として、中央館と3つの分館（医・工・農）で構成し、地域づくりや人作りのための人文科学・社会科学・自然科学・生命科学・ものづくりなど幅広い分野の専門書を中心に収集しています。平成6年度からは市民の生涯学習の一環として学外者にも公開し、図書の貸出を行っています。また、平成22年3月に香川県立図書館と相互協力協定を締結して、お互いの資料を相互貸借しています。
◎中央館の基本データ（平成22年度実績）
蔵書冊数：618,708冊（延べ）
入館者数：172,117人（延べ）
貸出冊数：27,513冊（延べ）

榎本図書館
　http://www.facebook.com/enobooks
　説明　身体には鍛錬　心には読書　——J. アディソン（イギリスの文筆家）
　毎週月曜日の7時から読書会もしています。

内容：（0）早起きをする
　　　　（1）読書する
　　　　（2）既読本のポイントや内容を凝縮して伝える
　　　　（3）他人へのアウトプットを通してディスカッションする
　　　　（4）本をシェアする
榎本図書館に寄贈してくださる方はウォールに気軽にご連絡を。
榎本図書館の蔵書はブクログより閲覧できます。
なお、貸出中の場合は「今読んでる」と表示されます。
この世のあらゆる書物も
お前に幸福をもたらしはしない
だが
書物はひそかにお前自身の中に
お前を立ち帰らせる　　―――ヘルマン・ヘッセ

（以上：順不同）

Webサイト作成に役立つツール（チェックツール以外のソフトウェア）

『トピックスチェンジャーPro』　環

http://www.kan-net.com/

ブラウザ上で新着情報表示・日記などのホームページの自動更新が行えます。

また、データベースを使用せずに使用が可能なため、データベースが使用不可能なレンタルサーバで使用する事が可能です。CMSでも難しい場合、一部に特化して簡単に更新する仕組もご用意しています。

（以上：Webサイトの紹介文より）

『livedoor 相互RSS』　Livedoor

http://blogroll.livedoor.com/

livedoor 相互RSSとは、自分の好きなブログの更新情報や見出しをお届けするブログツールです。ブログ仲間同士で活用し、アクセスアップを目指しましょう。

常に更新情報が表示されるため、フレッシュなサイトとして認識されるメリットもあります。(以上：Webサイトの紹介文より)

『AssetNow Gov』　内田洋行

AssetNow Gov（アセットナウガバメント）は、自治体専用に開発されたCMS（コンテンツ・マネジメント・システム）です。住民に分かり易く公平なWebサイト（ホームページ）を、低コスト・低負荷・短期間で構築／運営することができ、さまざまな調査でも高い評価を受けております。また、内田洋行では、ユーザビリティ・アクセスビリティに配慮した自治体Webサイトの設計、構築、CMS移行、運用支援などの各種サービスもワンストップでご提供しております。(以上：Webサイトの紹介文より)

『Website Explorer』　梅ちゃん堂

http://www.umechando.com/webex/

リンク追跡機能により指定されたウェブサイトを探査し、その階層構造とファイル構成をエクスプローラ形式で表示するソフトです。また、取得されたデータをもとにサイトの更新状況、外部リンク一覧、リンクエラー一覧を表示します。ウェブサイトにおいて使用されているファイルの抽出を実行すると共に、サイト全体のアウトラインが明らかになります。サイト解析ツールのみならず、リンク切れをチェックするリンクチェッカー、サイトマップ・XML作成ツールなど多彩な活用方法があります。(以上：Webサイトの紹介文より)

(以上：順不同、2012年2月28日現在)

自治体のWeb作成ガイドライン等

- 『環境省ウェブサイト作成ガイドライン（第3版）』大臣官房総務課環境情報室
　http://www.env.go.jp/other/gyosei-johoka/web_gl/02_1.html
- 『守谷市公式サイト作成ガイドライン』　守谷市総務部企画課情報政策

グループ
　http://www.city.moriya.ibaraki.jp/site_info/care_acc/guideline/pdf/guideline_all.pdf
- 『三重県ウェブアクセシビリティガイドライン』　三重県政策部電子業務推進室
　http://www.pref.mie.lg.jp/IT/HP/guide/index.htm
- 『岐阜県ウェブアクセシビリティに関するガイドライン』　岐阜県総合企画部情報企画課
　http://www.pref.gifu.lg.jp/kensei-unei/johoka/denshi-jichitai/web-accessibility/
- 『群馬県ウェブサイトアクセシビリティガイドライン』　群馬県企画部広報課
　http://www.pref.gunma.jp/07/b2110129.html
- 『朝来市ウェブアクセシビリティガイドライン』　朝来市役所
　http://www.city.asago.hyogo.jp/site_policy/0000000007.html
- 『花巻市ホームページの考え方（サイトポリシー）』　花巻市役所
　http://www.city.hanamaki.iwate.jp/room/room1/site_policy.html
　（花巻市WEBアクセシビリティガイドライン【概要】（PDF, 74KB）へのリンクあり）
- 『京都府ウェブアクセシビリティガイドライン（抜粋）』　京都府
　http://www.pref.kyoto.jp/guideline.html
　（京都府ウェブアクセシビリティガイドライン（全文：PDF形式 137KB）へのリンクあり）
- 『岐阜市ウェブアクセシビリティ・ガイドライン』　岐阜市広報広聴課
　http://www.city.gifu.lg.jp/c/40120467/40120467.html
- 『石狩市ウェブアクセシビリティガイドライン』　市長政策室秘書広報課
　http://www.city.ishikari.hokkaido.jp/etc/kouhou03522
- 『大東市アクセシビリティガイドライン（概要)』　政策推進部政策管理課
　http://www.city.daito.lg.jp/daitoshihomepage/1262858326463.html

- 『茨木市ウェブアクセシビリティについて』　茨木市総務部広報広聴課
  http://www.city.ibaraki.osaka.jp/aboutsite/accessibility/
  (ウェブアクセシビリティ方針、ウェブアクセシビリティ配慮項目、JIS X 8341-3:2010に基づく試験結果のドキュメントあり)
- 『岸和田市アクセシビリティガイドライン』　広報広聴課
  http://www.city.kishiwada.osaka.jp/site/userguide/accessibility-guideline.html
- 『広島市　誰もが使いやすいホームページ（ウェブアクセシビリティガイドライン)』　広島市ユニバーサルデザイン協議会事務局
  http://www.city.hiroshima.lg.jp/toshikei/design/ud/web/guideline/index.html
  (ユニバーサルデザイン・ウェブアクセシビリティの紹介・啓蒙のコンテンツあり)
- 『大牟田市　ホームページ基本方針』　企画総務部情報化推進室
  http://www.city.omuta.lg.jp/shisei/jouhouka/homepage/homepage006.html
  (『ウェブアクセシビリティ対応実施目標』『ウェブアクセシビリティ指針』『ホームページ取扱要綱』のPDFファイルへのリンクあり)
- 『山梨県　サイトのユニバーサルデザイン』　山梨県知事政策局広聴広報課
  http://www.pref.yamanashi.jp/info/documents/hp_ud.pdf
  (「ユニバーサルデザインの向上」(PDF：756KB) ‒「山梨県ホームページ全面リニューアル（その特徴と改善点)」から抜粋、及び全文へのリンクあり)
- 『上天草市ホームページアクセシビリティポリシー』　上天草市総務課広報広聴係
  http://www.kamiamakusa-c.kumamoto-sgn.jp/1_howto_hp/1_accessibility/
  (上天草市ウェブアクセシビリティガイドラインへのリンクあり)

（以上：順不同、2012年2月28日現在)

Web作成で参考にしたいサイト

『A.A.O.（Allied-Brains Accessibility Online）』
アライド・ブレインズ株式会社
http://www.aao.ne.jp/index.html

「10年ほど前から高齢者・障害者のIT利用／ネット利用の調査研究等を行い、2001・2002年度には総務省のウェブアクセシビリティ実証実験の事務局を務めました。A.A.O.は、それらの経験を出発点として、ウェブアクセシビリティに関する有用な情報や支援サービスを提供し、日本のウェブアクセシビリティを高める手助けをすることを目的としたウェブサイトです。」（以上：Webサイト紹介文より）

アクセシブルなWebサイト構築にとって重要な三つの要素（アクセシビリティに関する正しい知識、アクセシブル・サイト制作を支援するツール、サービス制作者・提供者と利用者の連携支援）の提供のために、Webサイトでニュース・調査結果、アクセシビリティを学ぶ、コラム・インタビュー、利用者の支援、セミナー情報などのコンテンツを展開しています。

『みんなの公共サイト運用モデル改定版（2010年度）』
総務省情報流通行政局
http://www.soumu.go.jp/main_sosiki/joho_tsusin/w_access/index_02.html

「「みんなの公共サイト運用モデル」は、国及び地方公共団体等の公的機関のホームページ等（公式ホームページ、団体が提供する関連サイト、ウェブシステム等）が、高齢者や障害者を含む誰もが利用しやすいものとなるよう、「みんなの公共サイト運用モデルの改定に関する研究会」（平成22年9月から平成23年1月開催）による改定方針及び改定案の検討、地方公共団体による改定案の検証・評価を経て、平成23年3月に改定されたものです。ウェブアクセシビリティに関する日本工業規格であるJIS X 8341-3:2010に基づき、実施すべき取組み項目と手順等を示しています。」（以上：Webサイト紹介文より）

ウェブアクセシビリティ関連の手引き、手順書、確認ガイド等が充実しています。

『情報バリアフリーのための情報提供サイト』
独立行政法人情報通信研究機構（NICT）
http://barrierfree.nict.go.jp
　旧通信総合研究所と旧通信・放送機構が統合してできた独立行政法人情報通信研究機構が主催している情報バリアフリーの情報提供サイト。
　情報バリアフリーの通信・放送サービス、NICTの取り組み、情報バリアフリー分野の規格、ウェブアクセシビリティ、行政機関の取り組み、役に立つサイトの紹介、用語解説などのコンテンツを持ちます。

『Web担当者Forum』
インプレスビジネスメディア
http://web-tan.forum.impressrd.jp
　「ウェブ担当者や制作者、ウェブマーケターが語り合う場所や、"ここに行けば情報がある"、"ここに行けば問題を解決できる"ような場所が日本にはない」（以上：Webサイト紹介文より）

企業ホームページ運営とマーケティングに特化した情報サイト。検索エンジン対策、アクセス解析、コンテンツ管理システム、ユーザー視点デザインや、キーワード広告、クチコミなどWebサイトの企画・構築・運営・技術・マーケティングに関するサイト運営に必須の情報・ノウハウが満載。

コンテンツには、国内・海外のニュース、連載記事、コラム、解説記事や、データライブラリーなどの他に「エレキテルLPO」や「Webマーケッター瞳　シーズン2」などの漫画も連載中です。「瞳シーズン1」は『マンガで分かるWebマーケティング』としてインプレスジャパンより書籍化されています。

『ウェブアクセシビリティ基盤委員会（WAIC）』

情報通信アクセス協議会

http://www.waic.jp

「JIS X 8341-3:2010の理解と普及を促進するため、改正原案作成メンバー、関連企業、関連省庁、利用者が集まって、JIS改正版を実装する際に必要な情報、JIS改正版に沿った試験や適合性評価を行う際に必要な情報など、ウェブサイト作成と評価（試験）の事実上の基準となるベースラインを築いていくことを目指しています」（以上：Webサイト紹介文より）

主にJIS X 8341-3関係の関連文章、公開情報、WCAG 2.0関連翻訳文書を公開しています。

『UDCユニバーサルデザイン・コンソーシアム』

ユニバーサルデザイン・コンソーシアム

http://www.universal-design.co.jp/

「ユニバーサルデザイン・コンソーシアム（UDC）は、企業、自治体、個人が連携し、さまざまな領域で日本型ユニバーサルデザインを推進する任意団体です。」（以上：Webサイト紹介文より）

サイトでは、Webに限らず、広く工業デザインの理念について扱っていますが、なかでも「ユニバーサルデザイン漫画館」は初心者向けにユニバーサルデザインを分かりやすく解説しています。

『「図書館・公民館海援隊」プロジェクト』

文部科学省

http://www.mext.go.jp/a_menu/shougai/kaientai/1288450.htm

2010年に有志の図書館により結成された「図書館海援隊」、貧困・困窮者支援をはじめ具体的な地域の課題解決に資する取り組みが徐々に成長し、医療・健康、福祉、法務などに関する役立つ支援・情報の提供やJリーグと連携した取り組みなど、分野も拡大、参加館数は、45館（2011年7月）となっています。

これらの取り組みを広く紹介し、MLを活用した参加館相互の情報

交換の支援なども紹介されています。

『ウィキペディア　フリー百科事典』

ウィキメディア財団

http://ja.wikipedia.org/

参加者がみんなで「寄って集って作り上げる」オープンコンテントのオンライン百科事典。Web2.0の代表例としてもよく取り上げられます。

ユーザビリティ、アクセシビリティ、あらゆる用語の意味をチェックしたければ、まずはここへ。用語の意味だけでなく、「関連項目」や「外部リンク」から本格的な情報サイトへたどり着くこともできます。

『U-site』

株式会社イード

http://www.usability.gr.jp/

「ニールセン博士のAlertbox（日本語版）」や「黒須教授ユーザ工学講義」「ユーザビリティとは」などコンテンツが豊富です。Webに限らず工業製品全般のユーザビリティを詳しく解説しています。

「ニールセン博士のAlertbox」はヤコブ・ニールセン博士のコラム『Alertbox』。その日本語訳を、博士の正式な許可を得て公開しています。

『使いやすさ研究所』

株式会社 U'eyes Design

http://usability.ueyesdesign.co.jp/

Webに限らない様々な製品を使いやすさの切り口から取り上げる情報発信サイトです。街で触れた製品、施設、案内標識などの使いやすい点、使いにくい点などを写真などを交えながらレポートする「使いやすさ日記」のコーナーがおもしろい。楽しくユーザビリティのセンスが身につけられます。

『Open Accessibility Library Project（OALP）』

NPO法人しゃらく

http://oalp.org/

　「OALPとは、障害者や高齢者、在日外国人の方々がWebサイトをどのように使い、どんなことを改善してほしいのかをインタビューし、Webアクセシビリティを動画で学べるプロジェクトです。インタビューの様子を撮影・編集し、Webサイトで配信することにより、ホームページやブログの制作者・運用者などの「インターネットを使って情報を発信する」方々が「使いやすいホームページを作る・運営することの重要性」を学ぶことができます。」
（以上：Webサイト紹介文より）

メインのコンテンツとして動画「動画で学ぶWebアクセシビリティ」とガイドライン・文書を掲載しています。

動画は、シニア・高齢者、外国人、肢体不自由、視覚障害にカテゴリー分けされた60もの3〜10分程度のインタビューからなっています。

ガイドライン・文書は、「HTML5の代替テキストにおけるWAI CGの合意」「わかりやすい技術文章の書き方」「ヤコブ・ニールセンの考えをまとめたWebユーザビリティガイドライン」「ウェブライティング・アクセシビリティガイドライン（PDF/Word）」の4タイトル。「ヤコブ・ニールセンの考えをまとめたWebユーザビリティガイドライン」はヤコブ・ニールセン氏の考えや調査に忠実にユーザビリティガイドラインを検討して、わかりやすくまとめています。

『2u webDesign.com 〜作りましょう、おしゃれなWEBサイト〜』

個人：2u WEBデザイン.com

http://www.2uwebdesign.com/index.htm

　Webサイトのトップには「一介のWebデザイン初級者によって制作・運営されています」とありますが、シンプルかつコンパクトで、読みやすいページです。おすすめは「WEBデザイン講座」と「WEBユーザビリティ」

機種依存文字チェッカー　さぶみっと！JAPAN
株式会社イー・エージェンシー
http://www.submit.ne.jp/tool/uniquechar/check.html
機種依存文字とは端末の機種による制限を受けるため、Webサイトには使用できない文字種のことです。機種依存文字チェッカーでは、新JIS規格（JIS X 020）に規定されていない機種依存文字をチェックすることが出来ます。

IT用語辞典　e-words
株式会社インセプト
http://e-words.jp/
情報用語のオンライン辞典の定番です。

（以上：順不同、2012年6月17日現在）

参考図書

- 縣 幸雄著『その広報に関係する法律はこれです！』創成社　2005.10
- アスキー書籍編集部・オフィス加減編『初・中級者のためのパソコン・IT・ネット用語辞典　基本＋最新キーワード1100』アスキー・メディアワークス　2010.3
- アライド・ブレインズ編『Webアクセシビリティ 完全ガイド　2010年改正JIS規格対応』日経BP社　2010.10
- 猪狩 誠也編著『広報・パブリックリレーションズ入門（基礎シリーズ）』宣伝会議　2007.1
- 池谷 義紀著『Webデザインユーザビリティ』ソフトバンククリエイティブ　2003.3
- 井之上 喬編、井之上パブリックリレーションズ著『入門 パブリックリレーションズ―双方向コミュニケーションを可能にする新広報戦略（PHPビジネス選書）』PHP研究所　2001.4
- FM推進連絡協議会編『総解説 ファシリティマネジメント』日本経済新聞社　2003.2

14章　巻末資料

- かわち れい子著『Google Analytics入門　簡単・無料ソフトで始めるWebマーケティング』インプレスR&D　2006.7
- 境 祐司（他）著『すべての人に知っておいてほしい　WEBデザインの基本原則』エムディエヌコーポレーション　2011.4
- 佐藤 和明著『ホームページ担当者が知らないと困るWebサイト構築・運営の常識 増補改訂3版』ソシム　2009.8
- 私立大学図書館協会東地区部会研究部企画広報研究分科会編『図書館広報実践ハンドブック―広報戦略の全面展開を目指して（企画広報研究分科会活動報告書）』私立大学図書館協会東地区部会研究部企画広報研究分科会　2002.8
- 武永 勉著『こうだったのかNPOの広報』大阪ボランティア協会　2010.3
- 中山 伸一編著『学校図書館図解・演習シリーズ1　情報メディアの活用と展開　改訂版』青弓社　2009.3
- 日本ファシリティマネジメント推進協会編『公共ファシリティマネジメント戦略』ぎょうせい　2010.9
- ヤコブ・ニールセン著、篠原 稔和監修『ウェブ・ユーザビリティ 顧客を逃がさないサイトづくりの秘訣』エムディエヌコーポレーション　2000.8
- 濱川 智・カレン著『Webビジネスのためのユニバーサルデザイン成功の法則65』翔泳社　2006.12
- 藤江 俊彦著『現代の広報―戦略と実際』同友館　2002.9
- 安井 秀行著『自治体Webサイトはなぜ使いにくいのか？―"ユニバーサルメニュー"による電子自治体・電子政府の新しい情報発信』時事通信出版局　2009.9

（以上：著者名五十音順）

参考Webサイト

- 「日本工業規格JIS」
 日本工業標準調査会
 http://www.jisc.go.jp/index.html
- 「A.A.O.（Allied-Brains Accessibility Online）」
 アライド・ブレインズ株式会社
 http://www.aao.ne.jp/index.html
- 「みんなの公共サイト運用モデル改定版（2010年度）」
 総務省情報流通行政局
 http://www.soumu.go.jp/main_sosiki/joho_tsusin/w_access/index_02.html
- 「情報バリアフリーのための情報提供サイト」
 独立行政法人情報通信研究機構（NICT）
 http://barrierfree.nict.go.jp

（以上：順不同）

おわりに

　本書を執筆するにあたって、さまざまな図書館のWebサイトを見てまわりました。特に公共図書館は、日本図書館協会の「公共図書館のリンク」（http://www.jla.or.jp/link/link/tabid/172/Default.aspx）から全国の公共図書館を一通り確認しました（メンテナンスなどで停止中を除く）。どうやって確認したかというと、力任せに「北から順番にどんどん見ていく」で、工夫も何もありません。

　その結果、一つのことに気がつきました。

　Webサイトの充実やツイッターなどの活用に地域による格差が明らかに存在しています。ある地域では充実したWebサイトを持ち、新しいメディア（ソーシャル・ネットワーキング・サービス）も盛んに活用しています。ところがある地域では、Webサイトのサイズ（コンテンツ数）も少なく、新しいメディアの利用も見られません。広報についても同様の傾向が見られます。同じ地域内であればおおむね県立中央図書館が充実しています。しかし、地域ごとを比べると近隣の地域ごとにはっきりとした傾向が見られます。

　これは、Webサイトや新しいメディアについての考え方の差や予算執行のタイミングが端境期だったなどのさまざまな理由が考えられます。あるいは「右に倣え」でたまたま揃ったのかもしれません。

　図書館員は非常に勉強熱心で、研修などによく参加しています。運良くその地方で広報やインターネットに長けた図書館員がおり、成功した図書館があると、その地域の研修会などを通して急速に広まっていくのでしょう。それが目に見える形で現れているのだと思っています。

　大学図書館はさらに研修熱心で、ある図書館が斬新な企画で成功をすると、瞬く間に全国に広がります。おかげで「事例」として紹介するものが見つかりません。他の館で参考に出来そうな企画や工夫はほとんどが着手されています。結局、私の所属する昭和女子大学の事例を取り上げましたが、おそらく大学図書館の方々からは「もうやっている話ばかりだ」とお叱りを受けそうです。「大学ではこのような動きですよ」と

他の館種の図書館員の皆様に紹介しているのだと、お目こぼしください
ますよう、お願いいたします。
　最後に、図書館のさらなる発展を心より祈念いたします。

2012年6月17日
田中 均

索　引

【あ行】

アクセシビリティ … 98-99, 104, 107
アップロード……………… 33, 87
アプリケーション……………… 124
インターネット………………… 29
インターネットにおけるアクセシブルなウェブコンテンツの作成方法に関する指針……………… 107
Web サイト … 29, 31, 57, 59, 142
Web 作成ガイドライン ……… 182
Web サーバ ………………… 76
Web デザイン ……………… 91
Web 標準 …………………… 79
Web マーケティング解析 …… 149
Web ユニバーサルデザイン … 98
Web レイアウト …………… 132
HTML コーダー ……………… 90
ALT 属性 ……………………… 100

【か行】

階層構造……………………… 120
カテゴライズ……………… 42, 51
カレンダー…………………… 144
既利用者……………………… 42
クッキー……………………… 152
グローバルナビゲーション 131, 145
経験情報……………………… 26
掲示…………………………… 58

【さ行】

効果測定……………………… 147
広告…………………………… 24
広聴…………………………… 24
広報………………………… 21, 24, 40
広報戦略……………………… 26
公立図書館の設置及び運営上の望ましい基準……………… 40, 111
個人情報………………… 35, 124
コーディング………………… 87
コミュニティ………………… 44
コンセプト…………………… 85
コンテンツ…… 29, 57, 86, 128, 141
コンバージョン…………… 150, 156

【さ行】

サーバマシン………………… 94
自炊…………………………… 73
システムエンジニア………… 90
生涯学習機関………………… 52
ステークホルダー……… 22, 25, 51
責任表示……………………… 144
セキュリティ………………… 37
セッション…………………… 152
セーフティエリア………… 126, 144
宣伝…………………………… 24
ソーシャル・ネットワーキング・サービス……………… 2, 25-26, 31

【た行】

探索情報……………………… 26
地域情報……………………… 67

著作権‥‥‥‥‥‥‥‥‥‥‥ 32, 124
直帰（率）‥‥‥‥‥‥‥‥‥ 157
チラシ‥‥‥‥‥‥‥‥‥‥‥ 43, 58
ツイッター‥‥‥‥‥ 27, 69-70, 168
ディレクター‥‥‥‥‥‥‥‥ 90
テキスト表示‥‥‥‥‥‥‥‥ 122
デザイナー‥‥‥‥‥‥‥‥‥ 90
デジタル化情報‥‥‥‥‥‥‥ 67
テスト‥‥‥‥‥‥‥‥‥‥‥ 87
展示‥‥‥‥‥‥‥‥‥‥‥‥ 58
電子書籍‥‥‥‥‥‥‥‥‥‥ 72-73
電子図書館‥‥‥‥‥‥‥‥‥ 67
電子メール‥‥‥‥‥‥‥‥‥ 66
テンプレート‥‥‥‥‥‥‥‥ 92
図書館長‥‥‥‥‥‥‥‥‥‥ 41
トータルページビュー‥‥‥‥ 153
Topページ‥‥‥‥‥‥ 118, 126, 141

【な行】

ナビゲーション‥ 87, 117, 120, 130

【は行】

配色‥‥‥‥‥‥‥‥‥‥‥‥ 123
媒体‥‥‥‥‥‥‥‥‥‥‥‥ 44
ハードディスク‥‥‥‥‥‥‥ 94
ハブとなる利用者‥‥‥‥‥‥ 44
パブリシティ‥‥‥‥‥‥‥‥ 53
パンくずリスト‥‥‥‥‥ 131, 144
ヒット数‥‥‥‥‥‥‥‥‥‥ 152
評価‥‥‥‥‥‥‥‥‥‥‥‥ 147
ファシリティマネージメント‥ 47
フェイスブック‥‥‥‥ 27, 70, 175
フッター‥‥‥‥‥‥‥‥‥‥ 118
プラグイン‥‥‥‥‥‥‥‥‥ 124

プランニング‥‥‥‥‥‥‥‥ 85
プレゼンシート‥‥‥‥‥‥‥ 55
ブログ‥‥‥‥‥‥‥ 27, 68, 70, 167
プロデューサー‥‥‥‥‥‥‥ 90
平均ページビュー‥‥‥‥‥‥ 153
ページビュー数‥‥‥‥‥ 150, 153
ヘッダー‥‥‥‥‥‥‥‥‥‥ 118
ポスター‥‥‥‥‥‥‥‥‥‥ 43, 58

【ま行】

マークアップ言語‥‥‥‥‥‥ 78
マスコミ‥‥‥‥‥‥‥‥‥‥ 53
未利用者‥‥‥‥‥‥‥‥‥‥ 42
みんなの公共サイト運用モデル 137
無停電電源装置‥‥‥‥‥‥‥ 94
メディア‥‥‥‥‥‥‥‥‥‥ 44
メニュー‥‥‥‥‥‥‥‥‥‥ 119
メールマガジン‥‥‥‥ 60, 62, 64

【や行】

ユーザーエージェント‥‥‥‥ 154
ユーザビリティ‥ 98, 102, 104, 117
ユニークユーザー数‥‥‥ 149, 153

【ら行】

ライター‥‥‥‥‥‥‥‥‥‥ 90
利害関係者‥‥‥‥‥‥‥‥‥ 22
離脱‥‥‥‥‥‥‥‥‥‥ 151, 158
リファラー‥‥‥‥‥‥‥‥‥ 154
リンク‥‥‥‥‥‥‥‥‥ 122, 124
レイドシステム‥‥‥‥‥‥‥ 95
レファレンスサービス‥‥‥‥ 66
レファレンス事例集‥‥‥‥‥ 66
ローカルナビゲーション‥ 131, 144

索引

【ABC】

CMS	68, 76, 93
CSS	81, 83, 92
EPUB	73
FAQ	123
Google Analytics	148
HDD	94
HTML	78, 81, 87, 92
JIS X8341-3	106-107, 109
OPAC	29
PDF	73
PR	21, 24
public relations	21, 24
PV	150, 153
Q&A	123
RAID	95
saveMLAK	69
SDI	64
SE	90
UPS	94
UU 数	149, 153
WCAG2.0	101, 106
XHTML	79

著者略歴

田中 均（たなか・ひとし）
1961年生まれ。
明星大学大学院人文学研究科教育学専攻修士課程修了。国士舘大学附属図書館、桜美林大学図書館をへて、現在、昭和女子大学短期大学部文化創造学科准教授。
専攻は、図書館情報学、図書館サービス、インターネット情報論、Webデザイン論。共著書に『インターネット時代のレファレンス』（日外アソシエーツ、2010）『情報メディアの活用と展開 改訂版（学校図書館図解・演習シリーズ (1)）』（青弓社、2009）他。

図書館を変える広報力
― Webサイトを活用した情報発信実践マニュアル

2012年8月25日 第1刷発行

著 者／田中均
発行者／大高利夫
発 行／日外アソシエーツ株式会社
　　　　〒143-8550 東京都大田区大森北1-23-8 第3下川ビル
　　　　電話 (03)3763-5241(代表)　FAX(03)3764-0845
　　　　URL http://www.nichigai.co.jp/
発売元／株式会社紀伊國屋書店
　　　　〒163-8636 東京都新宿区新宿3-17-7
　　　　電話 (03)3354-0131(代表)
　　　　ホールセール部(営業)　電話 (03)6910-0519

組版処理／日外アソシエーツ株式会社
印刷・製本／光写真印刷株式会社

ⒸHitoshi TANAKA 2012
不許複製・禁無断転載　　　　〈中性紙H-三菱書籍用紙イエロー使用〉
〈落丁・乱丁本はお取り替えいたします〉
ISBN978-4-8169-2377-7　　　　Printed in Japan, 2012

図書館サービスの可能性
―利用に障害のある人々へのサービス その動向と分析

小林卓・野口武悟 共編　A5・230頁　定価3,990円(本体3,800円)　2012.1刊

"図書館利用に障害のある人々へのサービス"の実践・研究動向を一望できるレビュー論文集。1995年から2011年の間に発表された850件の参考文献を通して俯瞰する。公立、学校、大学、点字の各図書館をはじめ、病院、矯正施設、おもちゃ図書館の幅広い取り組みを総合的に分析・紹介。

図書館活用術 新訂第3版
―情報リテラシーを身につけるために

藤田節子 著　A5・230頁　定価2,940円(本体2,800円)　2011.10刊

インターネット社会では、あふれる情報から求める内容を探索・理解・判断・発信する「情報リテラシー」能力が求められる。『新訂 図書館活用術』(2002.6刊)を最新の図書館の機能にあわせて改訂、情報リテラシー獲得のための図書館の利用・活用法を徹底ガイド。豊富な図・表・写真を掲載、読者の理解をサポート。用語解説、索引つき。

インターネット時代のレファレンス
―実践・サービスの基本から展開まで

大串夏身・田中均 著　A5・230頁　定価2,415円(本体2,300円)　2010.11刊

レファレンスの基礎から組織として安定したサービスを展開する方法まで、公共図書館に期待されているサービスがわかる図書館員のための指南書。調べ方の実例として「チャートで考えるレファレンスツールの活用」を掲載。

図書館で使える 情報源と情報サービス

木本幸子 著　A5・210頁　定価2,310円(本体2,200円)　2010.9刊

情報の宝庫・図書館の「情報源」「情報サービス」の特性を知り、上手に活用するための解説書。図書館の実際と特色を種類ごとに整理し、豊富な図表・事例をまじえて紹介。理解を助ける実践的な演習問題付き。

データベースカンパニー
日外アソシエーツ

〒143-8550　東京都大田区大森北1-23-8
TEL.(03)3763-5241　FAX.(03)3764-0845　http://www.nichigai.co.jp/